CP

1ER SEPTEMBRE 2006 AU 30 JUIN 2007

par Ge

W0280470

Copyright
32, rue de L...
Tous droits réservés.
Toute reproduction, même partielle, par quelque procédé que ce soit, est interdite sans autorisation écrite de la société Éditions 365.

ISBN 2-35155-030-7
Photos de couverture : Photononstop.
éditions 365
editions365.com
Diffusion Hatier.

Tu rentres en CP,

Félicitations !

Avec ton Almaniak, tu vas bien commencer l'année scolaire. Et si tu l'utilises jour après jour, tu as toutes les chances d'obtenir de bonnes notes, tout au long de l'année.

Pour bien profiter de ton Almaniak, choisis le moment de la journée qui te convient le mieux pour l'utiliser : le matin, avant le petit déjeuner ou le soir, en rentrant de l'école après ton goûter. C'est toi qui décides, mais l'important, c'est de l'utiliser **tous les jours au même moment**, pour prendre l'habitude.

Chaque jour, commence par détacher la page de la veille, pour connaître la date du jour. Puis, lis attentivement la question qui t'est posée aujourd'hui, et prends le temps nécessaire pour y répondre. Quand tu es bien sûr de toi, tu peux vérifier au verso la bonne réponse. Et surtout, bien lire pour bien retenir les explications qui accompagnent la réponse.

Bonne année scolaire !

À tes crayons

Colorie le tableau en suivant les indications :

1 en bleu 2 en rouge 3 en vert 4 en jaune 5 en marron

2	1	2	1	5
4	3	1	4	3
1	2	3	2	4
3	4	1	5	1

RÉPONSE :

2	1	2	1	5
4	3	1	4	3
1	2	3	2	4
3	4	1	5	1

été

Samedi *Dimanche*

Ste Ingrid
St Grégoire

2 3 *Septembre*

Bientôt la rentrée !

À toi de jouer.

Réponds par VRAI ou FAUX :

→ La rentrée des classes est le 4 septembre. ____________

→ Tu rentres au CP. ____________

→ En CP, on apprend à jouer à la guitare. ____________

→ Le 4 septembre est un lundi. ____________

Réponse :

→ La rentrée des classes est le 4 septembre. **Vrai**

→ Tu rentres au CP. **Vrai**

→ En CP, on apprend à jouer à la guitare. **Faux**

→ Le 4 septembre est un lundi. **Vrai**

Le savais-tu ?

Le lundi est le premier jour de la semaine.

été

Ste Rosalie

Lundi 4 Septembre

Français

Sais-tu combien il y a de voyelles dans l'alphabet ?

Cite-les !

Entoure-les dans les mots suivants :

m a i s o n

b a t e a u

a c r o b a t e

l y s

RÉPONSE :

Il y a 6 voyelles dans l'alphabet qui sont :

a e i o u y

m a i s o n

b a t e a u

a c r o b a t e

l y s

Mardi 5 Septembre

Le jeu de dominos

Complète les cartes :

dessine le domino ou écris le nombre manquant.

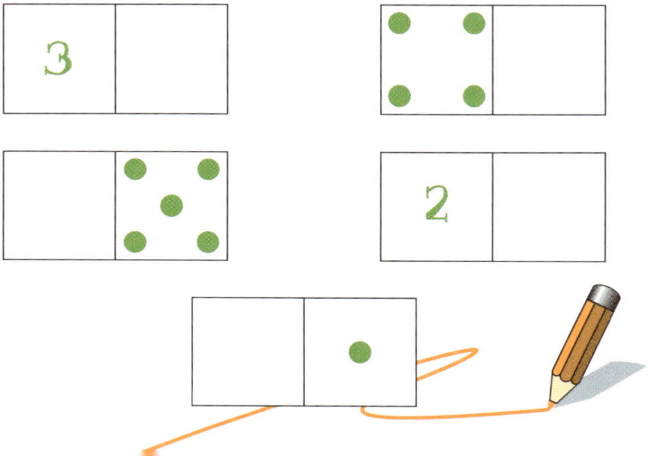

Réponse :

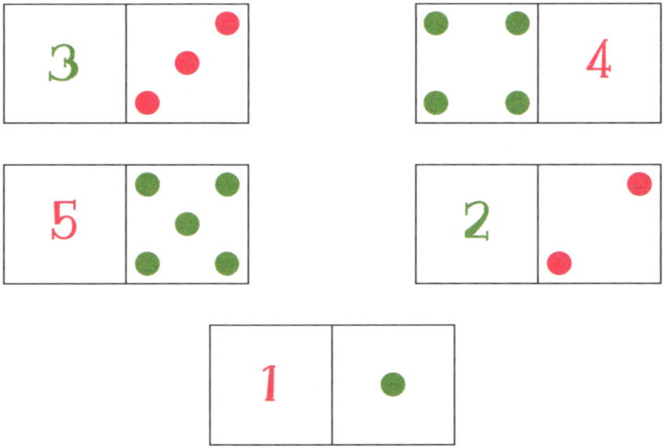

Je retiens la bande numérique :

1 2 3 4 5

Mercredi 6 Septembre

Découverte du monde

Combien y a-t-il de jours dans une semaine ?
Colorie :

- en vert, les jours où tu vas à l'école toute la journée.
- en rouge, les jours où tu ne vas pas à l'école.
- en bleu, les jours où tu vas à l'école seulement le matin.

lundi - mardi - mercredi - jeudi

vendredi - samedi

dimanche

Réponse :

Il y a 7 jours dans une semaine.

lundi - mardi - mercredi

jeudi - vendredi - samedi

dimanche

Le sais-tu ?

Certains enfants ne vont pas à l'école le mercredi matin mais le samedi matin et d'autres font la semaine des 4 jours.

Le son [o] se déguise

Aide : tu entends le son [o] dans les mots suivants :
bateau / saucisson / domino

Attention à ne pas confondre j'entends et je vois :

J'entends le son [o] dans "bateau", mais je ne l'entends pas dans "camion" et pourtant je le vois.

Entoure le son [o] dans les mots ci-dessous :
attention au piège !

château vélo

montre seau

gaufre

Réponse :

château

vélo

montre

seau

gaufre

Le son [o] peut s'écrire :

eau, o, au

été *St Adrien*

Vendredi 8 *Septembre*

Qui suis-je ?

Quel est le nombre qui est :

- → juste après 6 et avant 8 ? ____
- → juste après 10 et avant 12 ? ____
- → juste après 18 et avant 20 ? ____

Entraîne-toi à écrire :

1 1

2 2

3 3

4 4

5 5

RÉPONSE :

- Je suis le 7 *(sept)*.
- Je suis le 11 *(onze)*.
- Je suis le 19 *(dix-neuf)*.

JE RETIENS LES NOMBRES DE 1 À 20 :

1	2	3	4	5	6	7	8	9	10
11	12	13	14	15	16	17	18	19	20

Vivre ensemble

Comment obtenir le “permis de bonne conduite” en classe ?

Entoure les bonnes réponses :

1 Je range à leur place les livres que j’ai utilisés.

2 Je me déplace sans demander la permission.

3 J’attends qu’on me donne la parole pour parler.

4 Je respecte les autres.

5 Je gêne mes camarades en faisant du bruit.

Réponse :

Pour obtenir
LE "PERMIS DE BONNE CONDUITE"
en classe, il fallait entourer les phrases :

1, 3 et 4

Tu as réussi ?

Bravo !

été

Lundi **11** *Septembre*

Le jeu des formes

Remplis chaque borne avec ces trois formes :

Ne mets pas 2 fois la même forme dans une borne et chaque borne doit être différente.

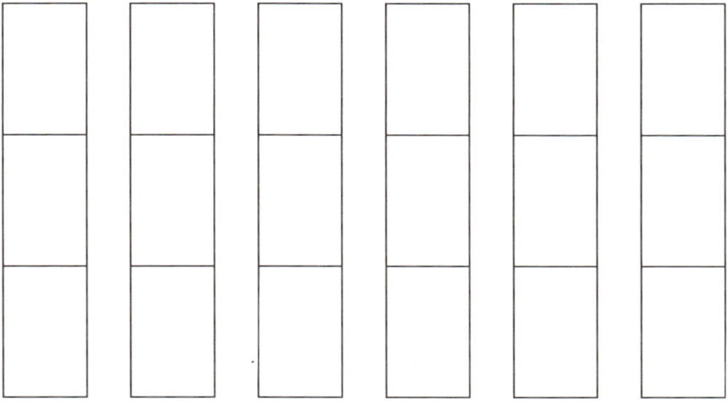

Le savais-tu ?

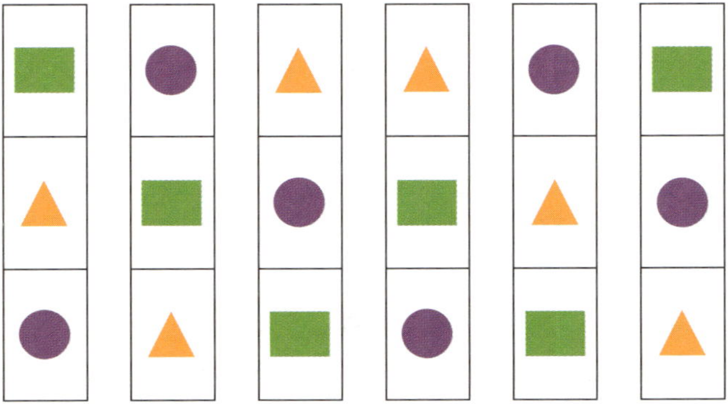

Ces formes s'appellent :

un rectangle, un rond et un triangle.

À ton avis, qu'est-ce qui est vivant ?

Entoure les bonnes réponses :

un nuage - un chat - une fleur

un caillou - un livre - un enfant

un tableau - une étoile - une assiette

Réponse :

un enfant - un chat - une fleur

Le savais-tu ?

Les hommes, les animaux et les plantes sont des êtres vivants.

On est un être vivant si : on naît, on se reproduit, on meurt.

été

St Aimé

Mercredi 13 Septembre

Français

Combien trouve-t-on de consonnes dans l'alphabet ?

Entoure-les dans ces mots :

c a r t a b l e

c l a s s e

p e r l e

f r o m a g e

Réponse :

Il y a 20 consonnes dans l'alphabet qui sont :

b c d f g h j k l m

n p q r s t v w x z

c a r t a b l e

c l a s s e

p e r l e

f r o m a g e

Le savais-tu ?

L'alphabet est composé de 26 lettres dont 20 consonnes et 6 voyelles.

Méli-mélo

Ces nombres ont été mélangés :

**Remets-les
dans l'ordre
en allant
du plus petit
au plus grand.**

5 - 2 - 6 - 10 - 7 - 1

RÉPONSE :

1 - 2 - 5 - 6 - 7 - 10

LE SAVAIS-TU ?

Lorsque l'on range les nombres
du plus petit au plus grand,
on dit qu'on les range dans l'ordre **croissant**.

Lorsque l'on range les nombres
du plus grand au plus petit,
on dit qu'on les range dans l'ordre **décroissant**.

Vivre ensemble

Invente des responsabilités que peut donner la maîtresse pour que la classe soit bien organisée.

Tu peux les illustrer si tu le souhaites.

EXEMPLES DE RÉPONSES :

→ M. ou Mme Calendrier s'occupe du calendrier de la classe (date, jour, année…).

→ M. ou Mme Messager transmet les messages que lui donne la maîtresse.

→ M. ou Mme Sécurité est le chef de rang.

→ M. ou Mme Bibliothèque range et entretient le coin lecture.

→ M. ou Mme Tableau efface le tableau.

Charade

Devine le mot mystérieux en t'aidant des phrases.

A Mon premier miaule et a des moustaches.

B Mon deuxième s'écrit avec des lettres.

C Mon tout est un animal à deux bosses qui vit dans le désert.

Réponse :

C'est le chameau !

A : un chat.

B : un mot.

C : un chameau.

Si tu veux faire une charade :

- choisis un mot (exemple : ciseaux),
- découpe le mot en syllabes (ci-seaux),
- invente une petite phrase pour faire deviner chaque syllabe du mot à trouver.

été

Ste Nadège

Lundi 18 *Septembre*

Joue avec les mots outils

Choisis le bon mot outil : le, la, les, un, une, des.

____ chat	____ lapin
____ rue	____ voitures
____ tortue	____ poupées

RÉPONSE :

un ou **le** chat

une ou **la** rue

une ou **la** tortue

un ou **le** lapin

des ou **les** voitures

des ou **les** poupées

LE SAVAIS-TU ?

Ces mots outils s'appellent des **déterminants.**
Le **s** à la fin de **voitures** et de **poupées**
indique qu'il y en a plusieurs.

Jeu des couleurs

Reproduis le modèle.

jaune	violet	bleu	vert
vert	rouge	jaune	violet
bleu	jaune	violet	rouge

LE SAVAIS-TU ?

jaune	violet	bleu	vert
vert	rouge	jaune	violet
bleu	jaune	violet	rouge

Pour obtenir du vert en peinture,
on peut mélanger du jaune et du bleu.

Pour obtenir du orange en peinture,
on peut mélanger du jaune et du rouge.

Passeport pour le CP

Remplis ton passeport ou entoure la bonne réponse.

Je m'appelle : ______________________________

____

Je suis : un garçon ou une fille

J'ai : _____ ans.

RÉPONSE :

Demande l'aide
de **tes parents**
pour vérifier
tes réponses.

été

St Matthieu

Jeudi 21 Septembre

Français

Entoure les a en bleu, les i en vert, les u en rouge et les e en violet.

une maison

une bague

un cartable

un renard

un joli sac

RÉPONSE :

une maison

une bague

un cartable

un renard

un joli sac

été

Journée internationale sans voitures

Vendredi 22 Septembre

Vivre ensemble

Souligne les bonnes réponses.

Dans la cour de récréation,

1 je bouscule les autres.

2 j'évite les jeux violents.

3 je préviens le professeur si un enfant s'est fait mal.

4 je jette les papiers par terre.

5 je joue calmement avec les autres.

Réponse :

Les bonnes réponses sont :

2, 3 et 5

Le savais-tu ?

Un bon respect des règles
est indispensable pour vivre en société.

automne

Samedi *Dimanche*

St Constant
Ste Thècle

23 24 *Septembre*

Mathématiques

Trace un triangle, un rectangle, un carré, un cercle.

Au besoin, aide-toi d'objets.

Dessine des objets que tu peux faire avec ces formes.

Réponse :

un triangle un rectangle un carré un cercle

Avec ces objets, tu peux dessiner :

une locomotive une maison une église.

Il y a d'autres possibilités ! ! !

Lundi 25 *Septembre*

Bon appétit !

Aide : déjeuner, dîner, goûter, petit-déjeuner.

Donne un titre à chaque phrase :

1 Au réveil, tu prends du lait, du chocolat, des tartines avec du beurre et de la confiture ou des céréales et un jus de fruit.

C'est le ______________________.

2 Tu es à l'école, c'est l'heure de la cantine.

C'est le ______________________.

3 Tu rentres de l'école, tu prends un fruit, un biscuit et une boisson.

C'est le ______________________.

4 Tu manges avec tes parents avant d'aller te coucher.

C'est le ______________________.

RÉPONSE :

1 C'est le petit-déjeuner.

2 C'est le déjeuner.

3 C'est le goûter

4 C'est le dîner.

LE SAVAIS-TU ?

Il est indispensable d'avoir des repas équilibrés pour être en bonne santé.

automne

Sts Côme, Damien

Mardi 26 Septembre

Français

Complète les mots avec a et i et illustre-les si tu le souhaites.

un v___se

un champ___gnon

la v___l___se

un l___vre

Entraîne-toi :

e e

a a

i i

RÉPONSE :

un vase

un champignon

la valise

un livre

Les cartes

Tu as pioché le pion (12)

Voici tes cartes :

[4] et [6]

Choisis celle qui te manque pour faire 12 et entoure-la.

[3] [6] [2] [5] [1]

Réponse :

La carte manquante était la 2,

parce que 4 + 6 + 2 = 12.

Français

Entoure les différents *l*.

L - i - n - r - I - l - N - d

moule - Lucie

livre - facile

Entraîne-toi :

il

elle

lui

RÉPONSE :

L - i - n - r - I - l - N - d

moule

Lucie

livre

facile

Vivre ensemble

Mets le mot qui convient :
dents - douche - lave - serviette.

→ Chaque jour, je prends une ______.

→ Après chaque repas,
je me brosse les ______.

→ À table, je mets ma ______.

→ Je me ______ les mains
avant et après chaque repas.

RÉPONSE :

→ Chaque jour, je prends une **douche**.

→ Après chaque repas,
je me brosse les **dents**.

→ À table, je mets ma **serviette**.

→ Je me **lave** les mains
avant et après chaque repas.

LE SAVAIS-TU ?

Une bonne hygiène de vie
favorise une bonne santé.

automne

Samedi Dimanche

St Jérôme
Ste Thérèse
de l'enfant Jésus

Septembre **30** **1** Octobre

Mathématiques

Entraîne-toi à compter.

$6 + 3 =$ ______ $5 + 1 =$ ______

$4 + 4 =$ ______ $8 + 2 =$ ______

$7 + 4 =$ ______ $7 + 2 =$ ______

Réponse :

$6 + 3 = 9$ $5 + 1 = 6$

$4 + 4 = 8$ $8 + 2 = 10$

$7 + 4 = 11$ $7 + 2 = 9$

Le savais-tu ?

Pour trouver le résultat,
tu as fait une **addition**
et utilisé le signe **+** (plus).

automne *St Léger*

Lundi 2 Octobre

Français

Relie les mots qui sont identiques :

Papa •	• un jeu
un cartable •	• Maman
un radis •	• un cartable
un jeu •	• un radis
Maman •	• Papa

Réponse :

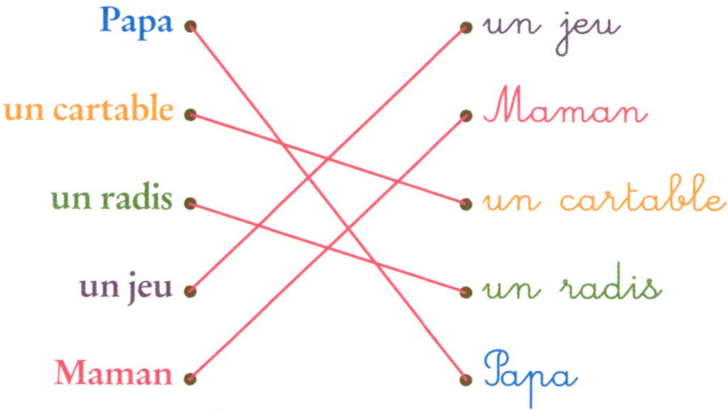

Le savais-tu ?

Il est indispensable de déchiffrer toutes les écritures pour être un bon lecteur.

automne — *St Gérard*

Mardi 3 Octobre

Jongle avec les saisons

Aide : les saisons : printemps, été, automne, hiver

Complète les phrases.

→ Le soleil brille, il fait chaud.

C'est ____________________.

→ La neige tombe, il fait froid.

C'est ____________________.

→ Les arbres fleurissent.

C'est ____________________.

→ Il pleut souvent,
les arbres perdent leurs feuilles.

C'est ____________________.

RÉPONSE :

→ Le soleil brille, il fait chaud.

C'est l'**été**.

→ La neige tombe, il fait froid.

C'est l'**hiver**.

→ Les arbres fleurissent.

C'est le **printemps**.

→ Il pleut souvent,
les arbres perdent leurs feuilles.

C'est l'**automne**.

LE SAVAIS-TU ?

Lorsque dans l'hémisphère nord, dans lequel tu vis, c'est l'été ; dans l'hémisphère sud, c'est l'hiver.

On dit que les saisons sont inversées.

automne

St François d'Assise

Mercredi 4 *Octobre*

Devinette

Tu as 5 pochettes.
Tu mets 2 images dans chaque pochette.

Combien d'images as-tu mis au total dans les pochettes ?

RÉPONSE :

Tu as mis en tout

10

images.

Français

Complète avec la ou li.

une sa ______ de

un hé ______ coptère

du choco ______ t

un po ______ cier

RÉPONSE :

une salade

un hélicoptère

du chocolat

un policier

LE SAVAIS-TU ?

Un mot est composé d'une ou plusieurs syllabes.

Exemple :

sa - la - de = 3 syllabes
ba - teau = 2 syllabes
jeu = 1 syllabe

Vendredi 6 Octobre

Mathématiques

Relie les deux écritures du même nombre.

3 •	• neuf
5 •	• quatre
9 •	• cinq
0 •	• sept
1 •	• six
6 •	• un
4 •	• zéro
7 •	• trois

RÉPONSE :

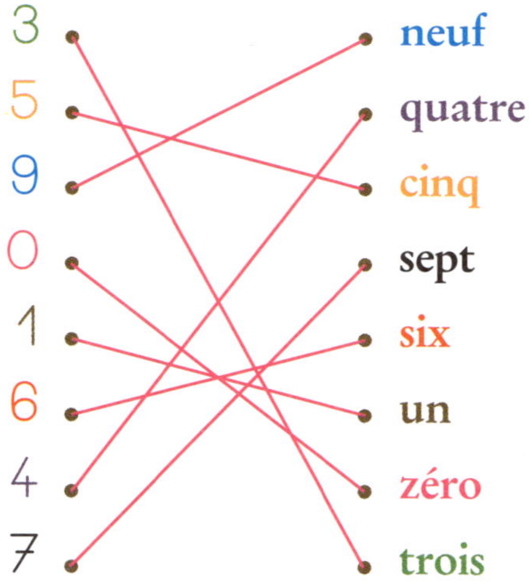

Questions pour un champion de la route

Réponds par VRAI ou FAUX.

Dans la rue, tu es piéton :

- tu traverses si le feu est vert. ____
- tu marches sur le trottoir. ____

- tu attends pour traverser que le feu soit rouge et que le petit bonhomme soit vert. ____
- tu peux jouer au ballon sur la route. ____

Réponse :

- tu traverses si le feu est vert. **Faux**
- tu marches sur le trottoir. **Vrai**
- tu attends pour traverser que le feu soit rouge et que le petit bonhomme soit vert. **Vrai**
- tu peux jouer au ballon sur la route. **Faux**

Le savais-tu ?

En raison de leur petite taille,
les jeunes enfants sont moins visibles
pour les automobilistes. Alors, redouble de prudence ! !

Lundi **9** *Octobre*

Jeu de la cible

Complète la carte manquante pour atteindre la cible.

La cible :

14

Tes cartes :

8	4	

Réponse :

La carte manquante est la carte 2,

parce que 8 + 4 + 2 = 14.

automne *St Ghislain*

Mardi 10 Octobre

Français

Barre la lettre qui ne convient pas et complète le mot.

Aide : On entend le son p comme dans pomme.

On entend le son b comme dans bateau.

p - b une ______ otte

p - b un ______ âton

p - b une ______ orte

p - b  une ______ oire

RÉPONSE :

~~p~~ - b une botte

~~p~~ - b un bâton

p - ~~b~~ une porte

p - ~~b~~ une poire

Mercredi 11 Octobre

Découverte du monde

Voici des êtres vivants :
un chien, un chêne, un lapin, un homme, un papillon.

Classe-les en fonction de leur durée de vie de la plus longue à la plus courte.

____

____

____

____

____

RÉPONSE :

Un **chêne**,
un **homme**,
un **chien**,
un **lapin**
et un **papillon**.

LE SAVAIS-TU ?

Un **chêne** vit en moyenne 300 ans,
un **homme** 75 ans,
un **chien** 13 ans,
un **lapin** 5 ans
et un **papillon** quelques jours.

automne *St Wilfried*

Jeudi 12 *Octobre*

Le mot-clef

Souligne les mots semblables aux mots écrits en italique (penchés).

porte *rouge*

partir	bouge
porte	loupe
liste	rage
pour	rouge

RÉPONSE :

porte *rouge*

partir	bouge
porte	loupe
liste	rage
pour	rouge

Vendredi 13 Octobre

Les formules "magiques" de la politesse

Cite quatre formules "magiques" que tu connais.

RÉPONSE :

Exemples :

merci

bonjour

pardon

s'il vous plaît

LE SAVAIS-TU ?

À l'école, dans la rue, à la maison et ailleurs, tu vis avec d'autres personnes, il est donc important que tu suives certaines règles pour vivre en société.

automne

St Juste
Ste Thérèse d'Avila

Samedi **14** Dimanche **15** Octobre

Mathématiques

Écris les lettres de la bande la plus courte à la plus longue.

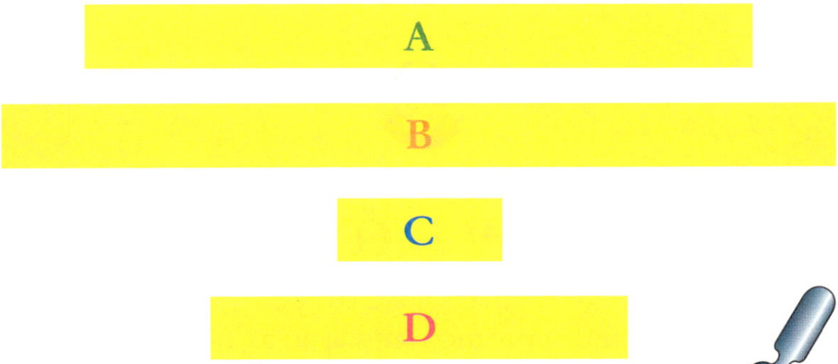

RÉPONSE :

Dans l’ordre de la plus courte à la plus longue,
on trouve les bandes :

C D A B

Découverte du monde

Entoure en rouge les objets qui donnent l'heure et en vert ceux qui mesurent une durée précise.

une bouteille

une montre

un sac

un réveil

un chronomètre

une pendule

un sablier

un cahier

un cadran solaire

une horloge

RÉPONSE :

une bouteille	**une pendule**
une montre	**un sablier**
un sac	un cahier
un réveil	**un cadran solaire**
un chronomètre	**une horloge**

LE SAVAIS-TU ?

Certains outils donnent l'heure comme la montre et d'autres servent à mesurer une durée comme le sablier.
Exemple : la cuisson des œufs à la coque

Jeu d'écritures

Entraîne-toi :

ca

oc

clou

col

Le sais-tu ?

Peux-tu citer le nom de trois planètes ?

RÉPONSE :

Les différentes planètes sont :

Mercure,
Vénus,
la Terre,
Mars,
Jupiter,
Saturne,
Uranus,
Neptune
et Pluton.

LE SAVAIS-TU ?

Une planète est un astre qui tourne autour d'une étoile.

Mercredi 18 *Octobre*

Jeu des jetons

Place les jetons de couleur dans les cases suivantes :

- le rouge (1 ; B)
- le vert (3 ; E)
- le bleu (4 ; D)
- le violet (2 ; C)

	A	B	C	D	E	F
1						
2						
3						
4						
5						

RÉPONSE :

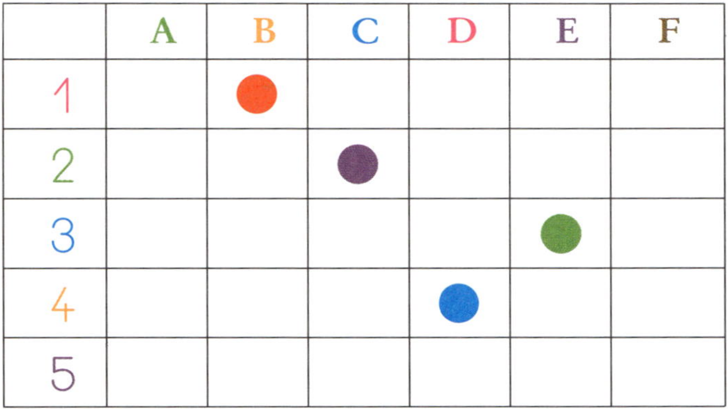

Jeudi 19 *Octobre*

Vivre ensemble

Entoure les bonnes réponses.

Pour rendre service aux autres, tu peux :

→ aider une personne âgée à porter ses courses.

→ laisser traîner tes affaires.

→ essuyer la vaisselle.

→ regarder la télévision toute la journée.

→ ranger ta chambre.

Réponse :

Pour rendre service aux autres,

tu peux :

- aider une personne âgée à porter ses courses.
- essuyer la vaisselle.
- ranger ta chambre.

automne | Ste Adeline

Vendredi 20 Octobre

Jeu des signes

Observe bien.

6 > 2 | 3 < 5

Mets le signe < ou > :

5 ___ 3 | 4 + 3 ___ 6

6 ___ 10 | 5 + 8 ___ 11

7 ___ 8 | 10 ___ 2 + 4

Réponse :

$5 > 3$	$4 + 3 > 6$
$6 < 10$	$5 + 8 > 11$
$7 < 8$	$10 > 2 + 4$

Le savais-tu ?

Le signe > veut dire plus grand que.
Le signe < veut dire plus petit que.

automne

Samedi Dimanche

21 22 Octobre

Ste Céline
Stes Salomé, Élodie

Le mot mystérieux

Devine :

Mon premier
est un légume chinois.

Mon second
est une partie du corps.

Mon tout
se pose au-dessus d'une fenêtre.

QUI SUIS-JE ?

RÉPONSE :

JE SUIS LE RIDEAU !

Mon **premier** est un légume chinois.
→ **riz**

Mon **second** est une partie du corps.
→ **dos**

Mon **tout** se pose au-dessus d'une fenêtre.
→ **rideau**

Vivre ensemble

Relie chaque phrase à la formule de politesse qui convient.

Tu bouscules quelqu'un dans la rue. •	• A S'il te plaît.
Tu demandes un gâteau à ton papa. •	• B Merci.
Tu reçois des cadeaux pour ton anniversaire. •	• C Pardon.
Tu vas déjeuner chez tes grands-parents. •	• D Bonjour.

Réponse :

Tu bouscules quelqu'un dans la rue. — C Pardon.

Tu demandes un gâteau à ton papa. — A S'il te plaît.

Tu reçois des cadeaux pour ton anniversaire. — B Merci.

Tu vas déjeuner chez tes grands-parents. — D Bonjour.

Le savais-tu ?

Si tu respectes les autres,
tu auras toutes les chances
qu'ils te respectent à leur tour.

automne St Florentin

Mardi 24 Octobre

Mathématiques

Jean, Audrey et Marc décident de s'acheter chacun un ballon à 10 €.

Dessine les pièces qui leur manquent et écris le résultat.

Jean  Il manque : ____ €

Audrey  Il manque : ____ €

Marc  Il manque : ____ €

RÉPONSE :

Jean
Il manque : **3 €** soit 2 € + 1 €.

Audrey
Il manque : **6 €** soit 2 € + 2 € + 2 €.

Marc
Il manque : **2 €**.

automne *St Crépin*

Mercredi 25 Octobre

Découverte du monde

Entoure les bonnes réponses.

→ Tu habites dans : un appartement • une maison

→ Tu habites : en ville • dans un village

→ Tu vas à l'école : à pied • en bus • en voiture

LE SAVAIS-TU ?

En ville,
la plupart des habitations
sont des **immeubles**
alors que dans les villages,
on trouve plutôt
des **maisons**
car il y a moins d'habitants.

automne — *St Dimitri*

Jeudi 26 *Octobre*

Devinette

Je n'ai pas de pattes.
J'ai deux cornes.
Je mange de la salade.
Je sors surtout lorsqu'il pleut.

QUI SUIS-JE ?

____

Réponse :

Je suis un escargot.

Le savais-tu ?

L'escargot a ses yeux sur ses cornes.
Celles-ci lui servent à se diriger.

Le jeu du saut

Je saute de 2 cases en 2 cases jusqu'à la case 20.

DÉPART

2					

ARRIVÉE 20

Réponse :

Départ

2		4		6	
8		10		12	
14		16		18	

Arrivée 20

automne

Samedi *Dimanche*

28 29

Octobre

Sts Simon, Jude
Passage à l'heure d'hiver (-1 heure)

Devinettes

1 Il nous réchauffe et il est de couleur jaune. ______

2 Il aboie. ______

3 Elle a 4 roues. ______

4 Elle donne du lait. ______

5 Il aime les carottes. C'est un rongeur. ______

Réponse :

1	Il nous réchauffe et il est de couleur jaune.	le soleil
2	Il aboie.	le chien
3	Elle a 4 roues.	la voiture
4	Elle donne du lait.	la vache
5	Il aime les carottes. C'est un rongeur.	le lapin

automne

Stes Bienvenue, Dorothée

Lundi 30 *Octobre*

Écriture

Entraîne-toi :

t

tui

une tuile

Le sais-tu ?

Quel est le monument le plus visité de France ?

Réponse :

Le **monument**
le plus visité de France est
la **tour Eiffel**.

Le savais-tu ?

Elle mesure 307 mètres.

automne *St Quentin*

Mardi 31 *Octobre*

Vivre ensemble

Tu es en vacances,
alors profites-en pour citer quelques exemples
de ce que tu pourrais faire
pour avoir une bonne hygiène de vie.

RÉPONSE :

Exemples

→ faire du sport

→ s'aérer

→ prendre un petit-déjeuner équilibré

→ te coucher de bonne heure

→ ne pas rester trop longtemps devant la télévision…

Toussaint

Mercredi 1 Novembre

Jeu du portrait

Devine :

Je suis avant trente. QUI SUIS-JE ? ______

Je suis après 19. QUI SUIS-JE ? ______

Je suis entre 12 et 14. QUI SUIS-JE ? ______

RÉPONSE :

Je suis avant trente. JE SUIS 29.

Je suis après 19. JE SUIS 20.

Je suis entre 12 et 14. JE SUIS 13.

automne

Fête des morts

Jeudi 2 Novembre

Charade

→ Mon premier est le contraire de froid.

→ Mon second est un chiffre.

→ Mon tout se met au pied.

QUI SUIS-JE ?

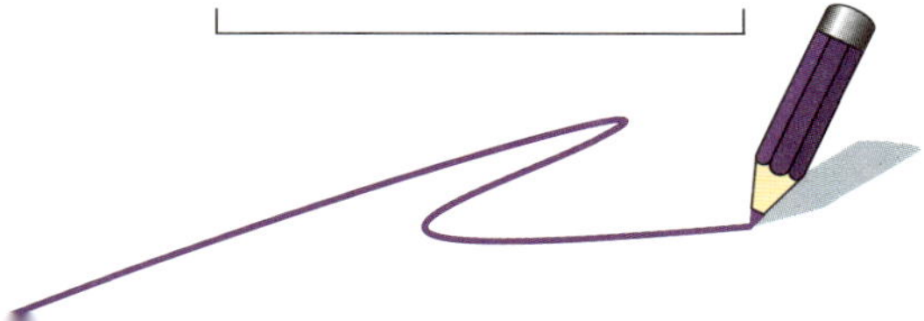

Réponse :

Je suis une chaussette !

→ Mon premier est le contraire de froid. chaud

→ Mon second est un chiffre. sept

→ Mon tout se met au pied. chaussette

Les mots cachés

Découvre ces mots en utilisant un miroir.

Marque d'un trait rouge la position du miroir qui te permet de les lire et écris-les.

Réponse :

merci

lune

Tu as réussi ? Bravo !

Tu es un bon **agent secret**.

automne

Samedi **4** *Dimanche* **5** *Novembre*

St Charles
Ste Sylvie

Mathématiques

Entoure le plus grand des trois nombres sur chaque ligne.

12	15	5
32	23	30
8	14	17

Réponse :

12	**15**	5
32	23	30
8	14	**17**

automne

St Léonard

Lundi 6 Novembre

Vivre ensemble

Si tu vois

deux enfants se battre

dans la cour de récréation ou dans la rue, comment réagis-tu ?

Donne quelques exemples.

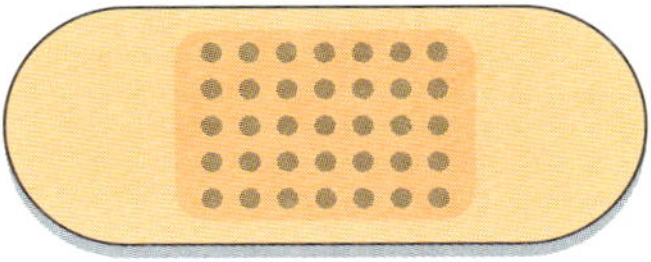

RÉPONSE :

→ Dans la cour :
tu peux essayer de discuter avec ceux qui se battent.
Si cela n'est pas suffisant, tu peux faire appel à un professeur.

→ Dans la rue :
tu peux demander l'aide d'un adulte.

LE SAVAIS-TU ?

Il faut à tout prix éviter la violence
car elle est dangereuse pour ceux qui la subissent
et elle ne résout pas les problèmes.

La lettre manquante

Cherche la lettre manquante pour chacun de ces mots.
C'est la même pour tous les mots de chaque ligne.

Complète les pointillés.

____ apin   ____ oup   ____ ivre

____ ouche   ____ ontre   ____ aman

____ adis   ____ ideau   ____ uche

Réponse :

lapin	loup	livre
mouche	montre	maman
radis	rideau	ruche

Mercredi 8 *Novembre*

Un grand jour

Peux-tu donner la date de ta naissance.

le jour : ______________________

le mois : ______________________

l'année : ______________________

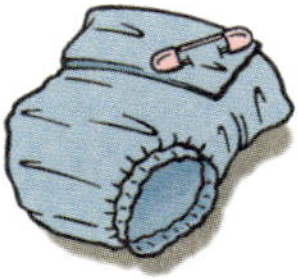

Réponse :

Vérifie avec tes parents si tu ne t'es pas trompé(e).

Jeudi 9 *Novembre*

Jeu de la marelle

Compte les points de chaque équipe et donne le nom de l'équipe gagnante.

Nombre de points :

Équipe 1 4 + 3 + 2 = ______

Équipe 2 1 + 8 + 3 = ______

Équipe 3 6 + 3 + 5 = ______

ÉQUIPE GAGNANTE :

______

RÉPONSE :

ÉQUIPE GAGNANTE : ÉQUIPE 3

Équipe 1	4 + 3 + 2 =	9 points
Équipe 2	1 + 8 + 3 =	12 points
Équipe 3	6 + 3 + 5 =	14 points

Français

Dans chaque ligne, il y a un intrus. Barre-le.

école - et - pêche - marcher - nez

forêt - balai - vélo - serpent - mère

Réponse :

école - et - ~~pêche~~ - marcher - nez

Ces mots se prononcent en utilisant le son é.

forêt - balai - ~~vélo~~ - serpent - mère

Ces mots se prononcent en utilisant le son è.

Le savais-tu ?

Ces petits signes que l'on rajoute sur les lettres
s'appellent des accents.
Exemples :
le é de fée (accent aigu),
le è de lèvre (accent grave),
le ê de fête (accent circonflexe).

Mathématiques

**Colorie en rouge les sommes égales à 10
et en vert les sommes plus grandes que dix.**

(10 + 3) (11 + 4)

(8 + 7) (7 + 3) (5 + 5)

(6 + 4) (14 + 3)

RÉPONSE :

(10 + 3)   (11 + 4)

(8 + 7)   (7 + 3)   (5 + 5)

(6 + 4)   (14 + 3)

automne St Brice

Lundi 13 Novembre

Découverte du monde

Aide : voici les 5 sens :
le toucher, la vue, l'ouïe, l'odorat et le goût.

À quel sens principal fais-tu appel ?

- Lorsque tu lis un livre : ______
- Lorsque tu fais de la poterie : ______
- Lorsque tu manges un fruit : ______
- Lorsque tu sens un parfum : ______
- Lorsque tu entends un bruit : ______

Réponse :

- Lorsque tu lis un livre : la vue
- Lorsque tu fais de la poterie : le toucher
- Lorsque tu manges un fruit : le goût
- Lorsque tu sens un parfum : l'odorat
- Lorsque tu entends un bruit : l'ouïe

Le savais-tu ?

Généralement on se sert de plusieurs sens à la fois.
Exemple : lorsque tu manges un fruit,
tu te sers de la vue,
du toucher,
de l'odorat
mais surtout du goût.

Mardi 14 Novembre

Mathématiques

Entraîne-toi à trouver le bon signe : > ou <

$4 + 3$ ____ $5 + 3$ $3 + 7$ ____ $1 + 4$

$3 + 5$ ____ $4 + 2$ $3 + 6$ ____ $5 + 2$

RÉPONSE :

$4 + 3 < 5 + 3$ $3 + 7 > 1 + 4$

$3 + 5 > 4 + 2$ $3 + 6 > 5 + 2$

$>$ c'est : plus **grand** que…

$<$ c'est : plus **petit** que…

Vivre ensemble

Un nouvel élève vient d'arriver dans ta classe.
Qu'est-il possible de faire pour lui réserver un bon accueil ?

Souligne les bonnes réponses.

- Chaque élève peut se présenter.
- Le laisser seul dans son coin.
- Jouer avec lui en récréation.
- Se moquer de lui.
- Organiser un goûter dans la classe avec le professeur pour son arrivée.

RÉPONSE :

→ Chaque élève peut se présenter.

→ Jouer avec lui en récréation.

→ Organiser un goûter dans la classe avec le professeur pour son arrivée.

automne

Ste Marguerite

Jeudi 16 Novembre

Français

Entraîne-toi :

m

le moule

v ou f ? À toi de jouer !

une ___ orêt

une ___ este

une ___ usée

un ___ ase

RÉPONSE :

une forêt

une veste

une fusée

un vase

Vendredi 17 Novembre

Le compte est bon.

Entoure les nombres qu'il te faut pour arriver au total.

15 : 8 - 6 - 4 - 3

19 : 9 - 7 - 8 - 2

12 : 6 - 8 - 2 - 4 - 5

RÉPONSE :

15 : (8) - 6 - (4) - (3)

19 : (9) - 7 - (8) - (2)

12 : (6) - 8 - (2) - (4) - 5

6 - (8) - 2 - (4) - 5

•

$8 + 4 + 3 = 15$

$9 + 8 + 2 = 19$

$6 + 2 + 4 = 12$ ou $8 + 4 = 12$

automne

Samedi *Dimanche*

Ste Aude
St Tanguy

18 19 Novembre

Les mots mélangés

Remets les mots dans l'ordre pour faire une phrase.

de
joue
chat
pelote
avec
laine.
une
Le

RÉPONSE :

Le chat joue avec une pelote de laine.

LE SAVAIS-TU ?

Une suite de mots qui a un sens s'appelle une **phrase**.
Une phrase commence par une **majuscule**
et se termine par un **point**.

C'EST LE MOMENT
DE RÉSERVER VOTRE
ALMANIAK 2007 !

**Réservez-le
dès maintenant
chez votre libraire.**

Les Almaniaks
sont en vente
en librairies et grandes surfaces,
ou via notre site internet.

Pour découvrir la collection complète
des Almaniaks 2007,
rendez-vous sur notre site
www.editions365.com

automne

Journée internationale des droits de l'enfant

Lundi 20 Novembre

Mathématiques

Place une croix bleue à droite de la poule, une croix verte à gauche, une croix rouge au-dessus et une croix violette en-dessous.

Réponse :

Mardi 21 Novembre

Français

Complète par m ou n. À toi de jouer !

un ca ___ apé

un ___ outon

un ___ arché

une ___ appe

un ___ id

une ___ i ___ ute

Réponse :

un canapé

un mouton

un marché

une nappe

un nid

une minute

Vivre ensemble

Pour aller en récréation, tu dois descendre des escaliers.

Réponds par VRAI ou FAUX.

À ton avis ? Il faut :

- se pencher par-dessus la rampe. ______
- pousser son voisin. ______
- descendre en se tenant à la rampe. ______
- glisser sur la rampe. ______
- ne pas courir dans les escaliers. ______

Réponse :

Il faut :

- se pencher par-dessus la rampe. FAUX
- pousser son voisin. FAUX
- descendre en se tenant à la rampe. VRAI
- glisser sur la rampe. FAUX
- ne pas courir dans les escaliers. VRAI

automne *St Clément*

Jeudi 23 *Novembre*

Les carrés de couleur

Marie a tracé des carrés de couleur sur une feuille.

Complète :

Elle commence par barrer tous les carrés rouges.

→ Elle efface ____ carrés rouges.

Elle efface 4 carrés verts.

→ Il reste alors ____ carrés verts sur la feuille.

Enfin, elle efface tous les carrés restants.

→ Elle efface donc ____ carrés verts

et ____ carrés bleus.

Réponse :

Marie a tracé des carrés de couleur sur une feuille.

Elle commence par barrer tous les carrés rouges.

→ Elle efface 6 carrés rouges.

Elle efface 4 carrés verts.

→ Il reste alors 3 carrés verts sur la feuille.

Enfin, elle efface tous les carrés restants.

→ Elle efface donc 3 carrés verts et 3 carrés bleus.

Vendredi 24 Novembre

Ta famille

Connais-tu le prénom :

→ de tes grands-parents :

____

→ de tes parents :

____

→ de tes frères et sœurs :

____

Qui est le plus âgé de tous ? ______________

Qui est le plus jeune de tous ? ______________

Réponse :

Vérifie tes réponses avec tes parents.

Le savais-tu ?

Lorsque l'on range les membres d'une même famille du plus âgé au plus jeune, on fait un **arbre généalogique**.

automne

Samedi 25 Dimanche 26 Novembre

Ste Catherine d'Alexandrie
Ste Delphine

Devinettes

Devine :

L'oiseau s'en sert pour voler :
des

____

Elle porte une couronne sur la tête :
la

____

On y accroche des rideaux :
la

____

Réponse :

L'oiseau s'en sert pour voler :
des ailes.

Elle porte une **couronne** sur la tête :
la reine.

On y accroche des **rideaux** :
la fenêtre.

Le savais-tu ?

Le son **è** peut aussi s'écrire :
ai, **ei**, **ê**, **et** (un bonnet).

Lundi 27 *Novembre*

un, deux, trois, partez !

Cite 5 sports que tu connais.

Pratiques-tu un sport ? Si oui, lequel ?

Pourquoi est-il important de pratiquer un sport ?

1 ____________ 2 ____________

3 ____________ 4 ____________

5 ____________

____

RÉPONSE :

Exemples :
le judo,
le tennis,
l'équitation,
le football,
la gymnastique,
la danse,
le golf,
le basketball,
etc.

Il est important de pratiquer un sport
pour renforcer ses muscles,
pour éviter de prendre trop de poids,
pour se sentir en pleine forme
et favoriser les apprentissages.
Le sport donne l'occasion
de se faire de nouveaux amis.
Il apprend à respecter les autres
et un certain nombre de règles.

Le compte à rebours

Écris les nombres qui manquent.

21 ☐ 19 ☐ ☐ ☐ 15

☐ ☐ ☐ ☐ 10 ☐ ☐

7 ☐ ☐ ☐ ☐ ☐ 1 0

Réponse :

21	20	19	18	17	16	15	
14	13	12	11	10	9	8	
7	6	5	4	3	2	1	0

Devinettes

Devine et choisis la syllabe qui convient.

ro lu ru

C'est la maison des abeilles. C'est une ____ che.

ni pu tou

Elle se met sur la tête lorsqu'il pleut.

C'est une ca ____ che.

du lo mou

Autrefois, il servait à faire de la farine.

C'est un ____ lin.

Réponse :

C'est la maison des abeilles.
C'est une **ru**che.

Elle se met sur la tête lorsqu'il pleut.
C'est une ca**pu**che.

Autrefois, il servait à faire de la farine.
C'est un **mou**lin.

automne

St André

Jeudi 30 Novembre

Découverte du monde

Aide :
juillet, septembre, décembre, octobre, août, mai, mars.

Sais-tu à quel(s) mois correspond(ent) :

→ la rentrée des classes. ______________________

→ les vacances d'été. ______________________

→ Noël. ______________________

→ le début de l'automne. ______________________

RÉPONSE :

- la rentrée des classes : **septembre**
- les vacances d'été : **juillet et août**
- Noël : **décembre**
- le début de l'automne : **septembre**

LE SAVAIS-TU ?

Une année se compose de 12 mois qui sont : janvier, février, mars, avril, mai, juin, juillet, août, septembre, octobre, novembre et décembre.

automne *Ste Florence*

Vendredi 1 Décembre

Unités et dizaines

Complète ou dessine.

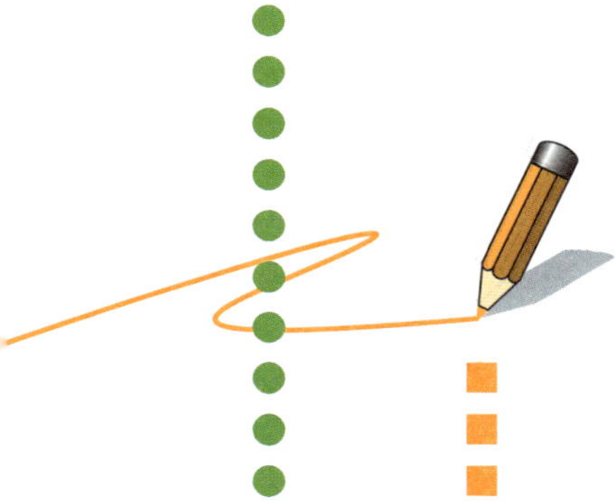

dizaines	unités	dizaines	unités
___	___	2	4

RÉPONSE :

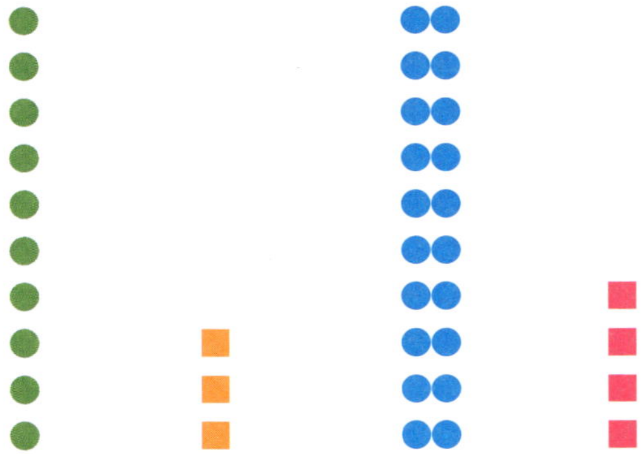

dizaines unités dizaines unités

1 3 2 4

LE SAVAIS-TU ?

Pour former une dizaine,
il faut un groupe de 10 éléments
et chaque élément isolé constitue une unité.

autumne

Samedi 2 Dimanche 3 Décembre

Ste Viviane
St François-Xavier

Les mots collés

Tous ces mots ont été collés.

Sépare-les pour en faire une phrase.

Paparéparelavoiture.

____

Nicolasjouedanslacouravecsonballon.

____

RÉPONSE :

Papa

répare

la

voiture.

Nicolas

joue

dans

la

cour

avec

son

ballon.

Découverte du monde

Relie ces mots à leur saison.

galette des rois •	• hiver
glace •	• printemps
marrons •	• été
muguet •	• automne

RÉPONSE :

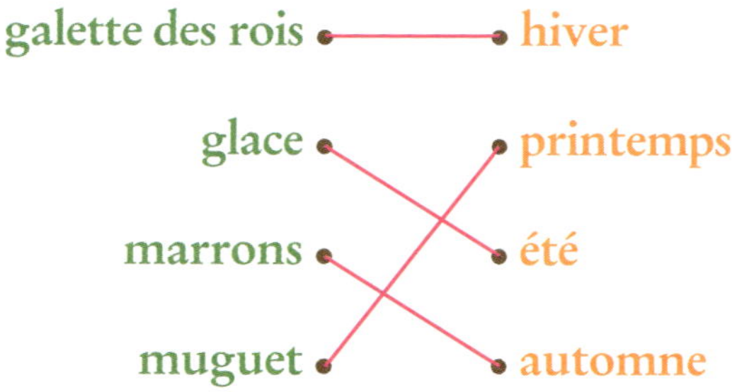

LE SAVAIS-TU ?

Traditionnellement, on offre du muguet pour le 1er mai. Cette date célèbre la fête du travail.

Le train des dominos

Observe bien et continue.

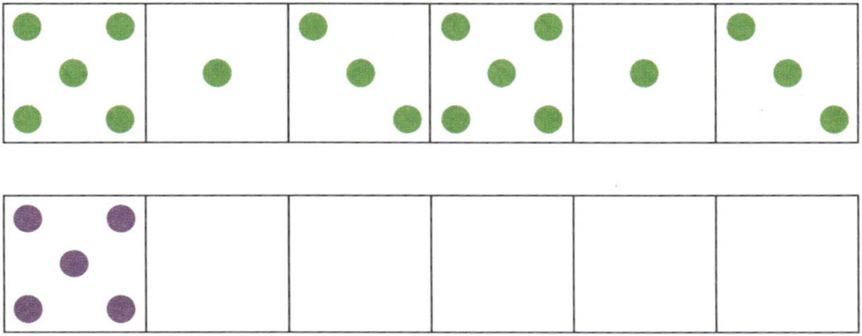

RÉPONSE :

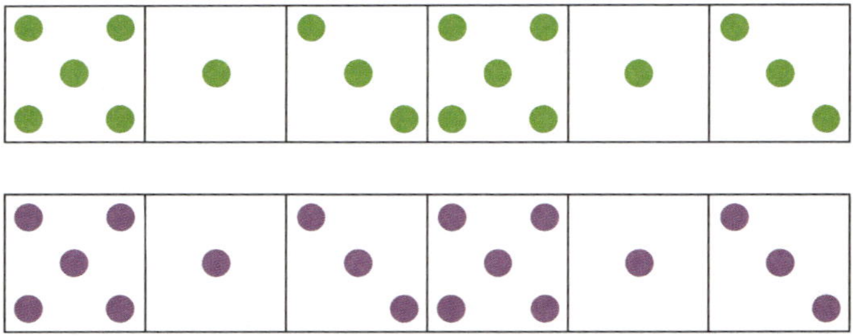

Mercredi 6 Décembre

Français

Complète par ch ou j. À toi de jouer.

une va ___ e

une ___ upe

une four ___ ette

une é ___ arpe

une ___ oue

Entraîne-toi à écrire :

d

une dictée

RÉPONSE :

une vache

une jupe

une fourchette

une écharpe

une joue

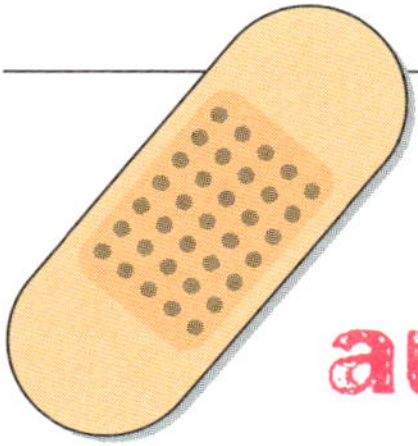

La chasse aux microbes

Barre les mauvaises réponses.

→ Se laver les mains avant de passer à table,
c'est éviter d'attraper : des ampoules ou des microbes.

→ Se brosser les dents après chaque repas,
c'est éviter d'attraper : des caries ou des boutons.

→ Se faire vacciner régulièrement,
c'est éviter d'attraper : des maladies ou des pansements.

Réponse :

→ Se laver les mains avant de passer à table, c'est éviter d'attraper : des microbes.

→ Se brosser les dents après chaque repas, c'est éviter d'attraper : des caries.

→ Se faire vacciner régulièrement, c'est éviter d'attraper : des maladies.

Vendredi 8 Décembre

Mathématiques

Écris en chiffres les nombres qui sont écrits en lettres.

quatorze : ____________________

treize : ____________________

onze : ____________________

quinze : ____________________

douze : ____________________

vingt et un : ____________________

Réponse :

quatorze :	14
treize :	13
onze :	11
quinze :	15
douze :	12
vingt et un :	21

autonne 

Samedi 9 Dimanche 10 Décembre

St Pierre Fourier
Journée internationale des droits de l'homme

Français

Numérote les phrases dans le bon ordre.

☐	Tu vas à l'école.
☐	Tu te lèves et tu prends ta douche.
☐	Tu prends ton petit-déjeuner.
☐	Tu t'habilles.
☐	Tu rentres en classe.

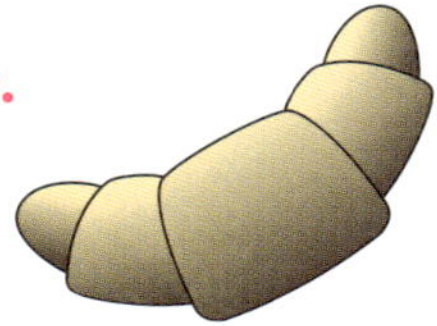

Réponse :

4	Tu vas à l'école.
1	Tu te lèves et tu prends ta douche.
3	Tu prends ton petit-déjeuner.
2	Tu t'habilles.
5	Tu rentres en classe.

Lundi 11 *Décembre*

Bonne route

Entoure la bonne réponse.

Lorsque tu t'installes dans la voiture de tes parents :

→ De quel côté dois-tu monter ou descendre ? côté trottoir ou côté route

→ Tu dois t'installer : à l'avant ou à l'arrière

→ Tu dois attacher : tes lacets ou ta ceinture

RÉPONSE :

- De quel côté dois-tu monter ou descendre ? **côté trottoir**
- Tu dois t'installer : **à l'arrière**
- Tu dois attacher : **ta ceinture**

Mardi 12 *Décembre*

Français

Le son [é] change de costumes.

Classe les mots suivants dans la bonne colonne :

une école   un berger   sortez !

un boulanger   et   un réveil   un rendez-vous

é	er	ez	et

RÉPONSE :

é	er	ez	et
une école	un berger	sortez !	et
un réveil	un boulanger	un rendez-vous	

Promenade avec les jours de la semaine

Complète ce tableau en donnant la date exacte.

→ Quel jour étions-nous hier ?

→ ______________________________

→ Quel jour sommes-nous aujourd'hui ?

→ ______________________________

→ Quel jour serons-nous demain ?

→ ______________________________

RÉPONSE :

→ Quel jour étions-nous hier ?

Mardi 12 décembre 2006

→ Quel jour sommes-nous aujourd'hui ?

Mercredi 13 décembre 2006

→ Quel jour serons-nous demain ?

Jeudi 14 décembre 2006

automne *Ste Odile*

Jeudi 14 *Décembre*

Mathématiques

Tu veux t'acheter un jeu qui coûte 35 €
et tu dois le payer avec le moins de billets possibles.

Tu donnes :

RÉPONSE :

Tu donnes : 3 billets

un billet de 20 € + un billet de 10 € + un billet de **5 €**.

LE SAVAIS-TU ?

Il existe des billets de :

5 €, 10 €, 20 €, 50 €, 100 €, 200 € et 500 €.

automne *Ste Ninon*

Vendredi 15 *Décembre*

Le panier d' "e"

Complète les mots suivants soit par eu, œu ou e.

un ___ f

le chiffre n ___ f

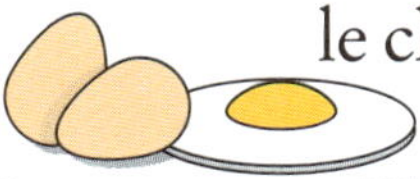

un c ___ r

un r ___ nard

le f ___

un gard ___

Entraîne-toi :

n

nous

RÉPONSE :

un œuf	le chiffre neuf
un cœur	un renard
le feu	un garde

automne

Samedi Dimanche

16 17 Décembre

Ste Alice
Ste Judicaël

Visite au zoo

Jérôme va visiter un zoo :
il voit 4 girafes,
5 hippopotames,
3 singes
et 9 perroquets.

Combien d'animaux a-t-il vus ?

_____ + _____ + _____ + _____ = _____

Réponse :

Jérôme a vu 21 animaux !

$4 + 5 + 3 + 9 = 21$

automne *St Gatien*

Lundi 18 *Décembre*

Une expérience glaciale

Lorsque tu mets de l'eau dans le bac à glace de ton réfrigérateur et que tu la laisses plusieurs heures.

Que devient-elle ?

Réponse :

L'**eau** s'est transformée en **glace**,
on dit qu'elle s'est solidifiée.

Le savais-tu ?

L'eau se transforme à l'état solide
quand la température ne dépasse pas 0° C.

Mathématiques

Chaque enfant doit remplir un sac avec 10 jetons.

Jean en a 4.

Il lui manque ____ jetons.

Carla en a 2.

Il lui manque ____ jetons.

Pierre en a 6.

Il lui manque ____ jetons.

RÉPONSE :

Jean en a **4**.
Il lui manque **6 jetons**.

Carla en a **2**.
Il lui manque **8 jetons**.

Pierre en a **6**.
Il lui manque **4 jetons**.

automne

Sts Théophile,
Abraham

Mercredi 20 Décembre

Vivre ensemble

À ton avis, VRAI ou FAUX ?

Il est interdit :

→ de jeter son chewing-gum par terre. ☐

→ de marcher en s'éloignant du bord de la route. ☐

→ de laisser un chien faire ses déjections sur le trottoir. ☐

→ de jeter ses papiers dans une poubelle. ☐

Réponse :

Il est interdit :

→ de jeter son chewing-gum par terre.

Vrai

→ de marcher en s'éloignant du bord de la route.

Faux

→ de laisser un chien faire ses déjections sur le trottoir.

Vrai

→ de jeter ses papiers dans une poubelle.

Faux

Français

Entoure le nombre de syllabes de chaque mot.

télévision

1 - 2 - 3 - 4 - 5

marteau

1 - 2 - 3 - 4 - 5

elle

1 - 2 - 3 - 4 - 5

orange

1 - 2 - 3 - 4 - 5

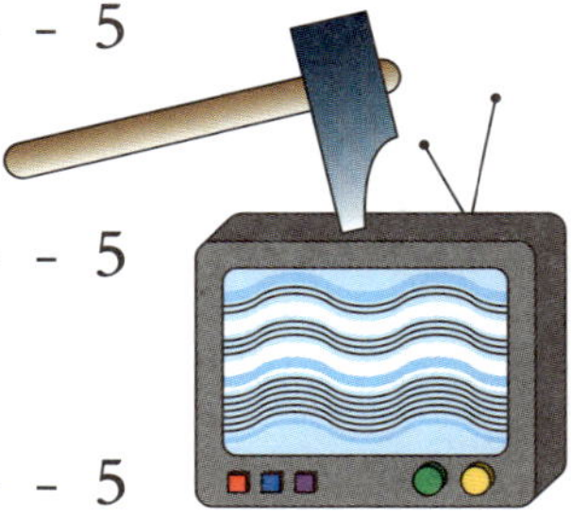

Réponse :

télévision

1 - 2 - 3 - **4** - 5

marteau

1 - **2** - 3 - 4 - 5

elle

1 - 2 - 3 - 4 - 5

orange

1 - 2 - **3** - 4 - 5

Mathématiques

Observe la bande numérique.

10	11	12	13	14	15	16	17	18	19	20

→ Tu es sur la case 12, tu avances de 4 cases.
Tu es maintenant sur la case ____ .

→ Tu avances encore de 3 cases.
Tu es maintenant sur la case ____ .

→ Tu recules d'une case.
Tu es maintenant sur la case ____ .

RÉPONSE :

→ Tu es sur la case 12, tu avances de 4 cases.
Tu es maintenant sur la case 16.

→ Tu avances encore de 3 cases.
Tu es maintenant sur la case 19.

→ Tu recules d'une case.
Tu es maintenant sur la case 18.

hiver

Samedi Dimanche

23 24 Décembre

St Armand
Ste Adèle

Français

Devinette

Je porte des bois sur la tête. Je vis en Laponie.
Je suis attaché par 2 cordes.

QUI SUIS-JE ?

Réponse :

Je suis le renne du Père Noël.

Le savais-tu ?

La Laponie est une région qui est située tout au nord de l'Europe.

Lundi 25 *Décembre*

Découverte du monde

Sais-tu à quelle fête correspond le 25 décembre ?

Que se passe-t-il pour toi à cette occasion ?

RÉPONSE :

Le 25 décembre correspond à

LA FÊTE DE NOËL.

À cette occasion,
tu reçois des cadeaux.

Pour les chrétiens,
Noël célèbre la naissance de Jésus.

Mardi 26 *Décembre*

Mon beau sapin

Décore ton sapin en dessinant
4 boules bleues, 6 boules rouges et 7 boules jaunes.

Combien de boules vas-tu placer sur le sapin ?

____ + ____ + ____ = ____

Réponse :

$4 + 7 + 6 = 17$

Sur mon sapin, il y aura :
17 boules !

hiver St Jean l'Apôtre

Mercredi 27 Décembre

Devinette

Devine.

Je suis emballé dans du beau papier
entouré d'un joli ruban.

QUI SUIS-JE ?

Entraîne-toi à écrire :

s

la soupe

Réponse :

Je suis un cadeau !

hiver *Sts Innocents*

Jeudi 28 *Décembre*

Le carré magique

Tu dois obtenir 13 quelque soit le sens dans lequel tu comptes.

À toi de jouer !

5	7	1	13
0		9	13
8	2		13
13	13	13	

RÉPONSE :

5	7	1	13
0	4	9	13
8	2	3	13
13	13	13	

hiver *St David*

Vendredi 29 *Décembre*

Vivre ensemble

Imagine que ta classe corresponde avec une classe se situant dans un pays pauvre.

Propose quelques idées pour les aider à passer de joyeuses fêtes.

RÉPONSE :

Exemples :
tu peux leur faire parvenir
des cadeaux,
leur écrire de jolies cartes,
échanger des dessins…

hiver

Samedi Dimanche

30 31 Décembre

St Roger
St Sylvestre

Devinette

Devine :

Elle prévoit le temps qu'il fait.

QUI EST-CE ?

Entraîne-toi :

ri

il roule sur des rails

C'EST LA MÉTÉO.

Lundi 1 *Janvier*

Mathématiques

Replace les lettres du tableau dans l'ordre de leur numéro et découvre le message.

n7		e10		n4	
	B1				n8
	n3	o2			
e5		a6		é9	

Réponse :

Bonne année

Le savais-tu ?

La nuit du 31 décembre au 1er janvier s'appelle la **nuit de la St Sylvestre**.

Bonne année !

Amuse-toi à réaliser une carte de vœux.

Illustre le modèle (au recto) et invente une courte phrase pour présenter tes vœux (au verso).

Recto	Verso
Bonne année !	____________ ____________

RÉPONSE :

Exemple :

Je te souhaite
une bonne
et heureuse
année.

hiver *Ste Geneviève*

Mercredi 3 *Janvier*

Découverte du monde

En t'aidant d'un calendrier ou de ton Almaniak, coche la bonne réponse.

- Janvier compte 30 jours. VRAI ou FAUX
- C'est le 1er mois de l'année. VRAI ou FAUX
- Le 1er jour de l'année 2007 est un lundi. VRAI ou FAUX

RÉPONSE :

- Janvier compte 30 jours. **FAUX**
- C'est le 1er mois de l'année. **VRAI**
- Le 1er jour de l'année 2007 est un lundi. **VRAI**

Jeudi 4 *Janvier*

Français

Complète par t ou d. À toi de jouer !

une por ____ e

des car ____ es

une ____ ame

une ____ able

un ____ omino

un ra ____ is

Réponse :

une porte

des cartes

une dame

une table

un domino

un radis

Attention danger !

Lis ces phrases puis entoure tout ce qui est dangereux dans la maison.

- une armoire à pharmacie
- une serviette de toilette
- des produits d'entretien (eau de javel, lessive…)
- un paquet de riz
- une casserole chaude sur une plaque chauffante

Réponse :

Les objets dangereux sont :

- une armoire à pharmacie
- des produits d'entretien
(eau de javel, lessive...)
- une casserole chaude
sur une plaque chauffante

hiver

Samedi 6 Dimanche 7 Janvier

St Mélaine
Épiphanie

Mathématiques

Tu gagnes 10 images,
tu décides d'en donner 3 à un de tes amis.

Combien d'images va-t-il te rester ?

Réponse :

10 - 3 = 7

Il te reste donc 7 images.

Le savais-tu ?

Cette opération avec le signe moins (-) s'appelle une **soustraction**.

hiver *St Lucien*

Lundi **8** *Janvier*

Vivre ensemble

Un de tes camarades de classe s'est fait mal dans la cour.

Que dois-tu faire ?

Donne quelques exemples.

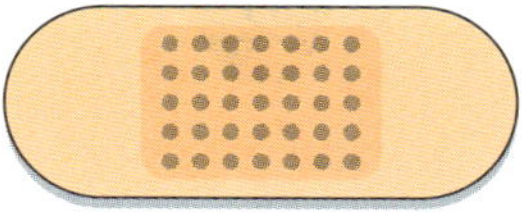

Réponse :

Tu peux le rassurer.

S'il ne parvient pas à se relever,
tu demandes à un élève de rester auprès de lui
et tu avertis un adulte le plus vite possible.

Mardi 9 *Janvier*

Français

Écris 2 par 2 les mots qui vont ensemble.

des chaussures

un seau

des lacets

une pelle

.... et ....

.... et ....

RÉPONSE :

des chaussures et des lacets

un seau et une pelle

Mathématiques

Trace 3 triangles rouges à l'intérieur du rectangle et 5 cercles verts à l'extérieur.

Réponse :

Nos amis les animaux

Connais-tu le nom des bébés animaux suivants :

le loup : ____________________

le chien : ____________________

le lapin : ____________________

la vache : ____________________

le lion : ____________________

Réponse :

le loup : le louveteau

le chien : le chiot

le lapin : le lapereau

la vache : le veau

le lion : le lionceau

hiver ❄ *Ste Tatiana*

Vendredi 12 *Janvier*

Mathématiques

Entraîne-toi ! Complète pour atteindre le résultat.

8 + ________ = 12

5 + ________ = 10

2 + ________ = 7

3 + ________ = 7

2 + ________ = 11

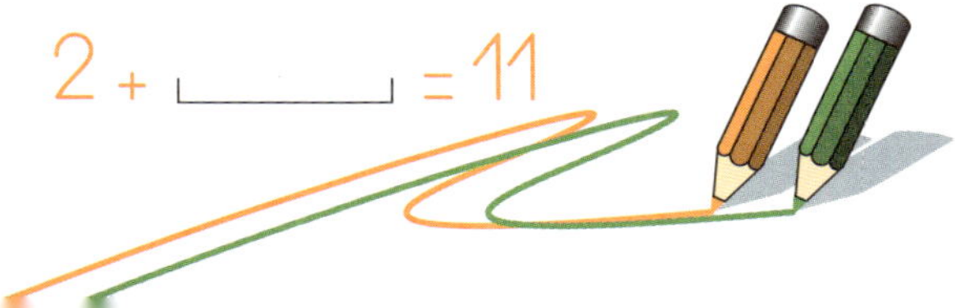

Réponse :

$8 + 4 = 12$

$5 + 5 = 10$

$2 + 5 = 7$

$3 + 4 = 7$

$2 + 9 = 11$

hiver

Samedi Dimanche

13 14 Janvier

Ste Yvette
Ste Nina

Français

À toi de jouer ! Souligne les mots si tu vois ou.

une souris — un tapis

de la moutarde

un parapluie — un foulard

Entraîne-toi :

la poule et le coq

RÉPONSE :

une <u>souris</u>

un tapis

de la <u>moutarde</u>

un parapluie

un <u>foulard</u>

hiver *St Rémi*

Lundi 15 *Janvier*

Bon vent !

Parmi ces objets, entoure le nom de ceux qui produisent du vent.

un sèche-cheveux

un ventilateur

un pyjama

un aspirateur

une table

Réponse :

un sèche-cheveux

un ventilateur

un aspirateur

Le savais-tu ?

Le **vent** est de l'air qui se déplace.
Il y a de l'air partout mais il est **invisible**.

La course aux points

Les enfants d'une classe de CP ont fait une course et ont marqué des points.

La maîtresse a fait un tableau pour récapituler le total de chacun.

	3 points	4 points	6 points	8 points
Nicolas			●	
Lucie		●		
Guillaume				●
Romane	●			
Paul	●			

Réponds aux questions :

- ➜ Qui a gagné le plus de points ?
- ➜ Combien Lucie a-t-elle gagné de points ?
- ➜ Donne le prénom des enfants qui ont gagné le même nombre de points ?

Réponse :

C'est Lucie qui a gagné le plus de points !

Guillaume a gagné **8 points**.

Lucie a gagné **4 points**.

Romane et Paul ont gagné le même nombre de points,

c'est-à-dire **3 points**.

Chercher l'erreur

Lis ces mots puis barre l'intrus dans chaque ligne.

des chaussures - des pommes - un manteau - un bonnet

un cartable - un verre - une trousse - une gomme

un renard - un chien - un panier - une souris

Réponse :

des chaussures - ~~des pommes~~ - un manteau - un bonnet

un cartable - ~~un verre~~ - une trousse - une gomme

un renard - un chien - ~~un panier~~ - une souris

Mathématiques

Denis a un chat, Lucie a deux chiens,
Florence a un cochon d'Inde.

Réponds aux questions suivantes quand c'est possible.

1 Quel animal a Florence ? ________

2 Quel est l'âge de Denis ? ________

3 Combien de filles ont un animal ? ________

4 Comment s'appellent les chiens de Lucie ? ________

RÉPONSE :

1 Florence a un **cochon d'Inde**.

3 **Deux** filles ont un animal : Florence et Lucie.

Le texte ne te donne pas de réponses pour les questions 2 et 4.

hiver ❄ *St Marius*

Vendredi 19 *Janvier*

Balade en forêt

Tu pars faire un pique-nique avec ta classe, en forêt.

Barre ce qu'il ne faut pas faire.

→ Jeter ses détritus par terre.

→ Respecter la végétation.

→ Mettre ses déchets dans une poubelle ou les emporter.

→ Arracher les plantes.

→ Allumer un feu.

Réponse :

Tu ne dois pas :

- Jeter tes détritus par terre.
- Arracher les plantes.
- Allumer un feu.

hiver

St Sébastien
Ste Agnès

Samedi Dimanche

20 21 Janvier

Français

Colorie oi en vert et on en rouge. À toi de jouer !

un marron un poisson un oiseau

une saison une boîte un bouton

Entraîne-toi :

Ma grand-mère a une bague.

Réponse :

un marron	un poisson	un oiseau
une saison	une boîte	un bouton

Lundi 22 *Janvier*

Mathématiques

Devinette

Mon chiffre des dizaines est 2,

mon chiffre des unités est 5.

QUI SUIS-JE ?

Réponse :

Je suis le nombre 25 !

hiver *St Barnard*

Mardi **23** *Janvier*

Vivre ensemble

Un de tes camarades de classe
est absent depuis plusieurs jours.
Que fais-tu ?

Réponse :

Tu peux :

- ➜ lui téléphoner pour prendre de ses nouvelles.
- ➜ lui rendre visite.
- ➜ lui apporter son travail.

Cap sur la lecture

Termine ces phrases avec le mot qui convient :
forêt - souris - trousse - carotte

→ Le lapin mange une ______________.

→ Le chat a attrapé une ______________.

→ Dans mon cartable, j'ai rangé ma ______________.

→ Je fais une belle balade en ______________.

RÉPONSE :

→ Le lapin mange une **carotte**.

→ Le chat a attrapé une **souris**.

→ Dans mon cartable, j'ai rangé ma **trousse**.

→ Je fais une belle balade en **forêt**.

hiver

Conversion de St Paul

Jeudi 25 *Janvier*

Mathématiques

Entraîne-toi. Dessine les croix qui manquent ou écris en chiffres et en lettres le nombre de croix.

XXXXXXX

XXXXXXX

XXXX

XXXX

XXXX

32, trente-deux

RÉPONSE :

XXXXXX
XXXXXX
XXXX
XXXX
XXXX

24, vingt-quatre

XXXXXXXX
XXXXXX
XXXXXX
XXXXXX
XXXXXX

32, trente-deux

hiver *Ste Paule*

Vendredi 26 *Janvier*

Français

Entoure en rouge les ge et gi,
et en vert les gue et gui.
À toi de jouer !

une plage

une guitare

une girafe

une guenon

un genou

une guirlande

une girouette

Réponse :

une plage
une guitare
une girafe
une guenon
un genou
une guirlande
une girouette

Découverte du monde

Voici 2 rangées de classe.
Place les enfants à la bonne table.

→ Paul est devant Jules et à côté d'Isaure.

→ Cédric est derrière Jules et à côté de Marie.

→ Lucas est entre Isaure et Marie.

Isaure	
	Jules

RÉPONSE :

Isaure	Paul
Lucas	Jules
Marie	Cédric

hiver *St Gildas*

Lundi 29 *Janvier*

Français

À ton avis : il ou elle ?

→ Marie regarde un film. ________

→ Alex joue dans la cour. ________

→ Ma sœur est petite. ________

→ Le renard se sauve dans la forêt. ________

RÉPONSE :

→ **Elle** regarde un film.

→ **Il** joue dans la cour.

→ **Elle** est petite.

→ **Il** se sauve dans la forêt.

hiver — *Ste Martine*

Mardi 30 *Janvier*

Mathématiques

Range les segments du plus court au plus long.

Utilise ta règle.

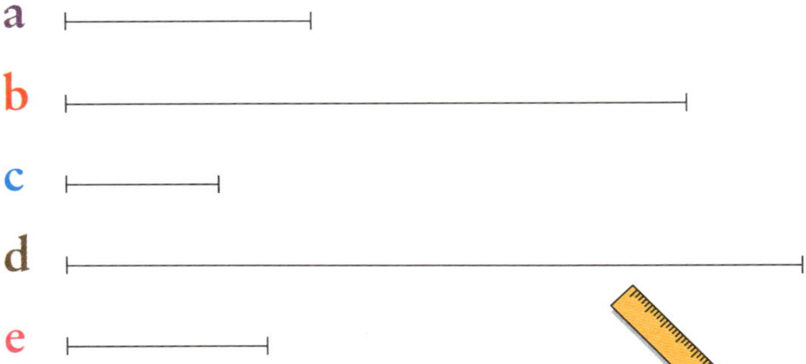

RÉPONSE :

c e a b d

LE SAVAIS-TU ?

Pour mesurer ces segments,
il faut que tu places le **zéro** de ta règle
sur le premier trait du segment.
L'unité de longueur est le **centimètre** (cm).

À chacun sa façon de se déplacer !

Voici une liste d'animaux.

Entoure en rouge ceux qui volent, en vert ceux qui marchent et/ou courent, en bleu ceux qui rampent, et en rose ceux qui nagent.

un tigre

un serpent

un poisson

un pigeon

un dauphin

un escargot

un singe

Réponse :

un tigre
un serpent
un poisson

un pigeon
un dauphin
un escargot

un singe

Le bon choix

Souligne le mot qui convient.

La pile La poule La lampe

est un animal.

Une moule Une mare Un marteau

est un outil.

RÉPONSE :

La poule
est un animal.

◆◆◆

Un marteau
est un outil.

Vivre ensemble

Tu arrives en retard à l'école.

Que fais-tu ? Entoure les bonnes réponses.

→ Tu rentres bruyamment dans la classe.

→ Tu t'excuses et essayes d'être discret(e).

→ Tu déranges le professeur en parlant.

Réponse :

➜ Tu t'excuses et essayes d'être discret(e).

Mathématiques

Le professeur organise un jeu dans sa classe.
Il donne une couleur à chaque équipe.

Colorie les équipes en suivant les indications.

Les 1re, 4e, 6e, 10e équipes sont en bleu.
Les 2e, 3e, 8e, 11e équipes sont en rouge.
Les 5e, 7e, 9e, 12e équipes sont en vert.

Réponse :

1re 2e 3e 4e 5e 6e 7e 8e 9e 10e 11e 12e

Lundi 5 *Février*

Une promenade en montagne

Réponds par VRAI ou par FAUX.

- En hiver, tu peux faire du ski. ________
- Les raquettes servent à faire des promenades lorsqu'il y a de la neige. ________
- Sur les pistes, tu peux faire du patin à glace. ________
- Sur les pistes, tu peux jouer au ballon. ________

Réponse :

- En hiver, tu peux faire du ski. **Vrai**
- Les raquettes servent à faire des promenades lorsqu'il y a de la neige. **Vrai**
- Sur les pistes, tu peux faire du patin à glace. **Faux**
- Sur les pistes, tu peux jouer au ballon. **Faux**

Mardi 6 *Février*

Devinette

Souligne la bonne réponse :

Tu t'en sers pour écrire :

un vélo un stylo un serpent

◆◆◆

Tu t'en sers pour t'asseoir :

un champignon des clous un canapé

Réponse :

Tu t'en sers pour écrire : un stylo.

◆◆◆

Tu t'en sers pour t'asseoir : un canapé.

hiver *Ste Eugénie*

Mercredi 7 *Février*

Trop, c'est trop.

Barre celui qui n'est pas à sa place.

25 26 27 25 28 29

◆◆◆

35 34 33 32 34 31 30

RÉPONSE :

25 26 27 ~~25~~ 28 29

35 34 33 32 ~~34~~ 31 30

hiver *Ste Jacqueline*

Jeudi 8 *Février*

Visite au musée

Tu vas visiter un musée avec ta classe.

Comment dois-tu te comporter dans le musée ?

Entoure les bonnes réponses.

→ Tu écoutes attentivement le guide.

→ Tu cours partout.

→ Tu poses des questions en demandant la parole.

→ Tu touches à tout.

→ Tu suis le groupe.

Réponse :

- → Tu écoutes attentivement le guide.
- → Tu poses des questions en demandant la parole.
- → Tu suis le groupe.

hiver ❄ *Ste Appoline*

Vendredi 9 *Février*

Français

LE SAIS-TU ?

Comment s'appelle le fleuve qui coule à Paris ?

Entraîne-toi :

u

uli

La lune est dans le ciel.

Réponse :

La Seine !

Depuis longtemps, beaucoup de marchandises sont transportées sur la Seine, dans des bateaux, et aujourd'hui dans des péniches.

hiver

Samedi *Dimanche*

10 **11** *Février*

St Arnaud
Ste Notre-Dame de Lourdes

Les drapeaux bicolores

Utilise 3 couleurs (bleu, vert, rouge)
pour colorier ces drapeaux.
Attention ! Ils doivent tous être différents.

Réponse :

Le savais-tu ?

Un drapeau **bicolore** est un drapeau constitué de deux couleurs différentes.

hiver *St Félix*

Lundi 12 Février

À la pêche au “en”

À toi de jouer !

Entoure les en en vert, les em en bleu, les an en rouge et les am en orange.

un enfant	un gant
une planche	une jambe
une orange	une tempête
une tente	des gens

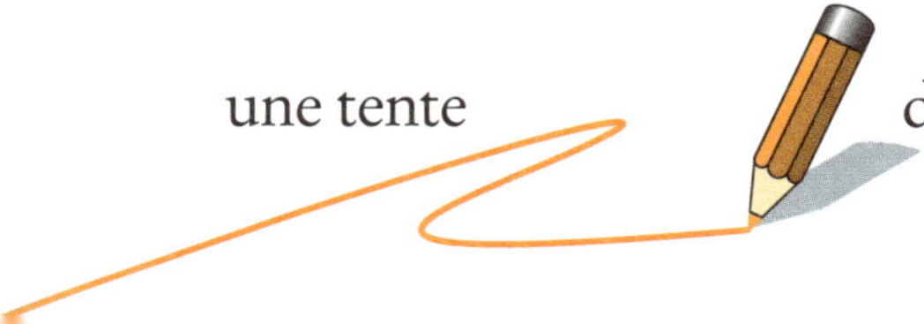

Réponse :

un enfant	un gant
une planche	une jambe
une orange	une tempête
une tente	des gens

Le savais-tu ?

Devant un **m**, un **b** ou un **p**, le **n** devient un **m**.

Exemples : une jambe, une tempête, emmener.

Découverte du monde

Souligne en vert ceux qui fonctionnent avec des piles et en rouge ceux qui nécessitent une prise électrique.

Voici une liste d'objets :

une télécommande

une montre

une machine à laver

un réveil

une télévision

une voiture téléguidée

RÉPONSE :

une télécommande

une montre

une machine à laver

un réveil

une télévision

une voiture téléguidée

hiver

St Valentin

Mercredi 14 Février

Mathématiques

À toi de jouer !

Écris le nombre qui précède :

_______ / 36

_______ / 50

_______ / 30

Écris le nombre qui suit :

49 / _______

39 / _______

29 / _______

Réponse :

Écris le nombre qui précède :

35 / 36

49 / 50

29 / 30

Écris le nombre qui suit :

49 / 50

39 / 40

29 / 30

Le savais-tu ?

Le nombre qui précède est le nombre qui vient juste avant.
Le nombre qui suit est le nombre qui vient juste après.

Jeudi **15** *Février*

Marron rime avec bonbon

Invente des rimes à ton tour.

→ Arthur aime les saucissons et ______________________.

→ Jean préfère ______________________________.

→ Et Nicolas ______________________________.

Réponse :

Tu pouvais dire :

- Arthur aime les saucissons et les tranches de jambon.
- Jean préfère les pommes de terre.
- Et Nicolas les tartines au chocolat.

hiver | *Ste Julienne*

Vendredi 16 *Février*

Précieuse goutte d'eau !

À ton avis, quels sont les gestes simples que tu peux faire pour ne pas gaspiller l'eau ?

Donne quelques exemples :

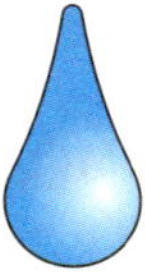

RÉPONSE :

Tu peux fermer le robinet quand tu te laves les dents.

Ne pas faire couler l'eau quand tu te savonnes dans la douche.

LE SAVAIS-TU ?

L'eau est indispensable pour vivre.
Sans eau, les hommes, les animaux, les plantes mourraient.
Il est donc très important de l'économiser.

Mathématiques

Entraîne-toi ! Complète pour obtenir 10.

2 + ______ = 10

4 + ______ = 10

5 + ______ = 10

1 + ______ = 10

7 + ______ = 10

Réponse :

$2 + 8 = 10$

$4 + 6 = 10$

$5 + 5 = 10$

$1 + 9 = 10$

$7 + 3 = 10$

hiver *St Gabin*

Lundi 19 *Février*

Vivre ensemble

Un enfant handicapé arrive dans ta classe.
Il marche et s'exprime avec difficulté.

Comment réagis-tu ?

RÉPONSE :

→ Tu peux l'aider à **porter son cartable** ou à ranger ses affaires.

→ Lui proposer de **jouer avec toi** pendant la récréation.

→ Lui **réexpliquer** les consignes données par la maîtresse.

Mardi 20 *Février*

ph ou f ?

À toi de jouer !

Souligne en vert les mots où tu vois ph et en rouge ceux où tu vois f.

un phare

une fourmi

un éléphant

un phoque

une fraise

une photo

de la fumée

une pharmacie

RÉPONSE :

un phare

une fourmi

un éléphant

un phoque

une fraise

une photo

de la fumée

une pharmacie

hiver *Cendres*

Mercredi 21 *Février*

Plus rapide que l'éclair !

Calcule le plus vite possible et écris le résultat.

7 plus 3 = ______

12 plus 5 = ______

9 plus 6 plus 2 = ______

8 moins 4 = ______

Réponse :

7 plus 3 = 10

12 plus 5 = 17

9 plus 6 plus 2 = 17

8 moins 4 = 4

Du bout des doigts

Les noms des doigts ont été mélangés.

Place-les au bon endroit.

Index, pouce, auriculaire, majeur, annulaire.

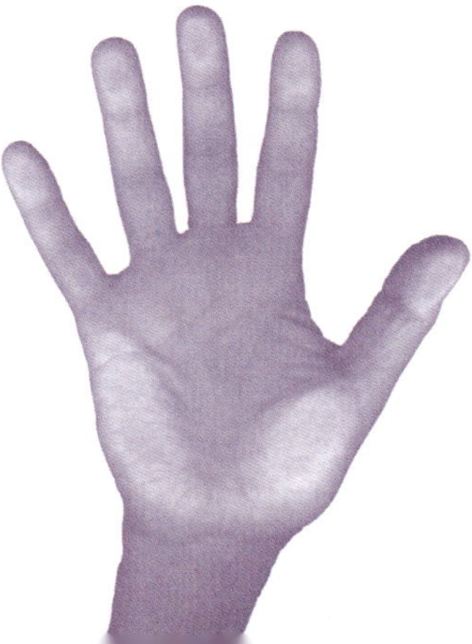

Réponse :

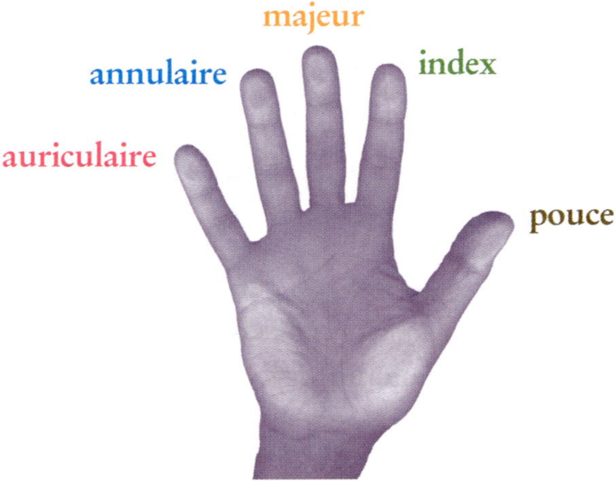

hiver *St Lazare*

Vendredi 23 *Février*

Mathématiques

À toi de jouer !

Observe ces nombres puis range-les du plus petit au plus grand (ordre croissant).

15 4 46 12 33 21 8

Réponse :

4

8

12

15

21

33

46

hiver

St Modeste
St Roméo

Samedi **24** *Dimanche* **25** *Février*

Les morceaux recollés

Ces mots ont été coupés en deux, puis mélangés.

Retrouve-les et écris-les.

Chan	cheron
Ba	mée
Mou	son
Fu	teau

RÉPONSE :

Chanson

Bateau

Moucheron

Fumée

hiver *St Nestor*

Lundi 26 *Février*

Devinettes

Je suis entre 20 et 25,
mon chiffre des unités est 3.

QUI SUIS JE ?

____

◆◆◆

Je suis plus grand que 30 et plus petit que 40,
mon chiffre des unités est 5.

QUI SUIS JE ?

____

Réponse :

Je suis entre 20 et 25,
mon chiffre des unités est 3.

Je suis 23.

Je suis plus grand que 30 et plus petit que 40,
mon chiffre des unités est 5.

Je suis 35.

hiver *Ste Honorine*

Mardi **27** *Février*

Hummm, quel régal !

Entoure les ingrédients qui servent à préparer une mousse au chocolat.

des pommes

des œufs

de la salade

du beurre

des tomates

du sucre

du persil

du chocolat

RÉPONSE :

POUR FAIRE UNE MOUSSE AU CHOCOLAT,

il faut :

des œufs, du beurre, du sucre et **du chocolat.**

LE SAVAIS-TU ?

Les aliments dont tu te sers pour faire la mousse au chocolat s'appellent des **ingrédients**.

hiver *St Romain*

Mercredi 28 Février

Vivre ensemble

Lorsque tu fais du vélo :

Devine (entoure la bonne réponse) :

Tu dois mettre sur ta tête :

un vase | un casque

◆◆◆

Tu dois tenir correctement :

ton menton | ton guidon

◆◆◆

Tu dois rouler :

sans t'occuper de ce qui se passe autour de toi

avec prudence

Réponse :

Lorsque tu fais du vélo :

Tu dois mettre sur ta tête **un casque**.

Tu dois tenir correctement **ton guidon**.

Tu dois rouler **avec prudence**.

hiver

St Aubin

Jeudi 1 Mars

Un menu équilibré

Voici 2 menus.

Entoure celui qui te paraît le mieux équilibré.

Menu 1

Entrée :
Carottes râpées

Plat :
Escalope de dinde
et petits pois

Fromage

Dessert :
Une pomme

Menu 2

Entrée :
Pâté

Plat :
Steak haché,
frites

Fromage

Dessert :
Profiteroles au chocolat

Réponse :

Le menu le mieux équilibré est le **Menu 1**.

Le savais-tu ?

Un menu se compose en général d'une **entrée**, d'un **plat** et d'un **dessert**.

Vendredi **2** *Mars*

Une drôle de découverte

Découvre cette histoire en remplaçant les pointillés par :

tr - pr - vr - br - fr - gr.

Un lutin se ____ omène dans une forêt.

Il s'arrête près d'un ____ onc d'ar ____ e

et décou ____ e une ____ otte.

Il s'avance et aperçoit un ____ ésor.

C'est un cof ____ e rempli de pièces d'or.

Quelle sur ____ ise !

RÉPONSE :

Un lutin se promène dans une forêt.

Il s'arrête près d'un tronc d'arbre

et découvre une grotte.

Il s'avance et aperçoit un trésor.

C'est un coffre rempli de pièces d'or.

Quelle surprise !

hiver

St Guénolé
St Casimir

Samedi 3 *Dimanche* 4 *Mars*

Mathématiques

Entraîne-toi

Dessine :

- une ligne courbe ouverte

- une ligne courbe fermée

- une ligne brisée ouverte

- une ligne brisée fermée

RÉPONSE :

→ une ligne courbe ouverte

→ une ligne courbe fermée

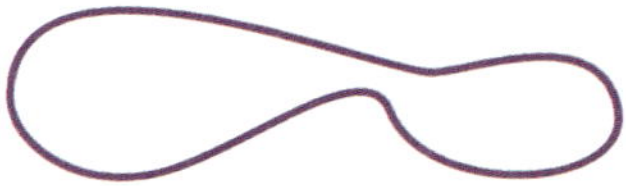

→ une ligne brisée ouverte

→ une ligne brisée fermée

LE SAVAIS-TU ?

En général, une **ligne brisée** se trace à la **règle**.

Lundi 5 Mars

À ton avis :

La maîtresse veut inviter les parents de la classe à une représentation.

Que peux-tu faire pour l'aider ?

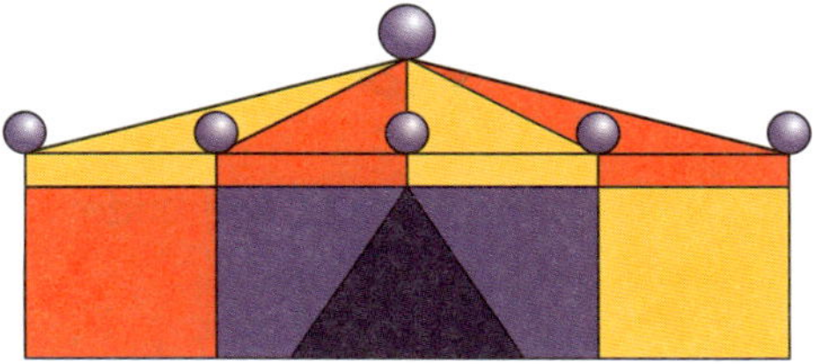

Réponse :

→ Préparer les **cartons d'invitation**.

→ Aider à **décorer** la classe.

→ Répéter ton **rôle** avec tes camarades.

À toi de jouer

Trouve au moins 3 possibilités pour arriver à 15, à partir de ces nombres :

8	3	1	5
7	4	2	6

Réponse :

Exemples :

$8 + 7 = 15$

$8 + 6 + 1 = 15$

$7 + 3 + 5 = 15$

$6 + 7 + 2 = 15$

À toi de trouver les autres !

Français

LE SAIS-TU ?

Connais-tu le nom des animaux
qui vivaient sur Terre longtemps avant les hommes ?

Entraîne-toi :

b

la balle est bleue

Réponse :

Ces animaux s'appellent les dinosaures !

Le savais-tu ?

Il y en avait de très grands,
comme le diplodocus, mais aussi des petits.

hiver

St Jean de Dieu

Jeudi 8 *Mars*

Moderne ou ancien ?

À ton avis : parmi ces objets,

souligne en orange ceux qui sont anciens,

et en vert ceux qui sont modernes.

un moulin à café

un lavoir

un poêle à charbon

une machine à laver

un radiateur électrique

une cafetière électrique

Réponse :

un moulin à café
une machine à laver
un lavoir
un radiateur électrique
un poêle à charbon
une cafetière électrique

Le savais-tu ?

Tes arrières grands-parents
ont sans doute utilisé
certains de ces objets anciens.

Vendredi 9 *Mars*

Mathématiques

Entraîne-toi :

Colorie en rouge tout ce qui fait 20, en vert tout ce qui fait 30, et en violet, tout ce qui fait 40.

15 + 5	24 + 6
15 + 7	20 + 20
28 + 2	17 + 4
32 + 8	10 + 10

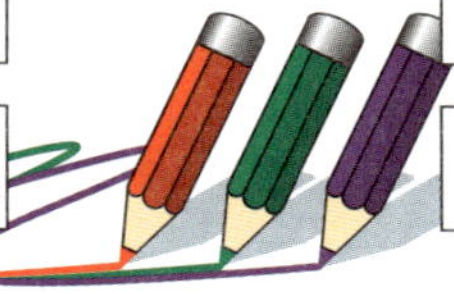

Réponse :

15 + 5	24 + 6
15 + 7	20 + 20
28 + 2	17 + 4
32 + 8	10 + 10

Bravo ! tu n'as pas colorié :

15 + 7 = 22 et 17 + 4 = 21

hiver

Samedi **10** *Dimanche* **11** *Mars*

St Vivien
Ste Rosine

Français

Observe bien :

Souligne le mot semblable au modèle

Porte	*Moulin*
Carpe	Lapin
Sorte	Moulin
Tarte	Lutin
Porte	Malin

RÉPONSE :

Porte	*Moulin*
Carpe	Lapin
Sorte	<u>**Moulin**</u>
Tarte	Lutin
<u>**Porte**</u>	Malin

hiver

Ste Justine

Lundi 12 Mars

La récréation

À ton avis :

C'est l'heure de la récréation.

16 élèves descendent dans la cour,

et les 8 autres vont à la bibliothèque.

Quel est le nombre d'élèves de cette classe ?

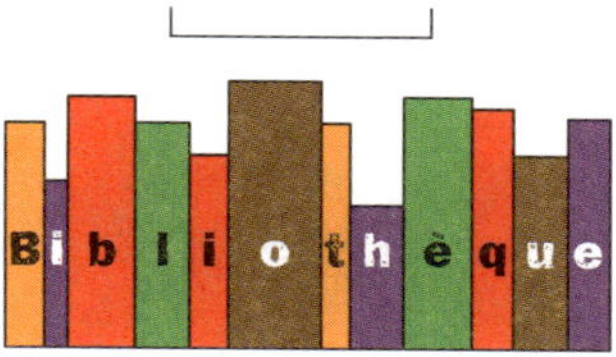

Réponse :

Il y a 24 élèves dans cette classe.

$$16 + 8 = 24$$

hiver — *St Rodrigue*

Mardi 13 Mars

Français

À ton avis :

Parmi ces mots, entoure ceux désignant des parties du corps :

le manteau

le cou

une tasse

une jambe

le nez

la bougie

un bras

RÉPONSE :

le manteau

le cou

une tasse

une jambe

le nez

la bougie

un bras

hiver

Ste Mathilde

Mercredi 14 Mars

Découverte du monde

Parmi ces animaux, lesquels peux-tu rencontrer à la montagne ? Entoure-les.

un rhinocéros

des crevettes

un bouquetin

une marmotte

un chamois

un canard

un singe

un renard

RÉPONSE :

À LA MONTAGNE, TU PEUX RENCONTRER :

un chamois

un bouquetin

une marmotte

un renard

Mathématiques

Complète ce tableau.

Aide : trente-deux, vingt-six, cinquante-quatre, quinze.

quarante - huit	48	40 + 8
	15	
	32	
	54	
	26	

Réponse :

quarante - huit	48	40 + 8
quinze	15	10 + 5
trente - deux	32	30 + 2
cinquante - quatre	54	50 + 4
vingt - six	26	20 + 6

Vendredi 16 *Mars*

Un petit test

As-tu le goût du travail bien fait ?

Pour le savoir, réponds par oui ou par non aux questions suivantes.

Ton professeur donne des exercices à faire :

- Tu écoutes attentivement les consignes. ____
- Tu écris sans réfléchir. ____
- Tu prends le temps de bien lire les questions. ____
- Tu fais autre chose pendant que le professeur explique. ____
- Tu relis ton travail avant de le rendre. ____
- Tu soignes ton écriture. ____

Réponse :

- → Tu écoutes attentivement les consignes.
- → Tu prends le temps de bien lire les questions.
- → Tu relis ton travail avant de le rendre.
- → Tu soignes ton écriture.

Le savais-tu ?

Si tu as bien répondu, c'est que tu as le goût du travail bien fait, autrement dit le sens de l'effort.

Bravo !
Et continue ainsi !

hiver

Samedi *Dimanche*

17 18 *Mars*

Sts Patrice, Patrick
St Cyrille

Charade

Devine.

→ Mon premier est un oiseau qui déploie ses plumes en éventail.

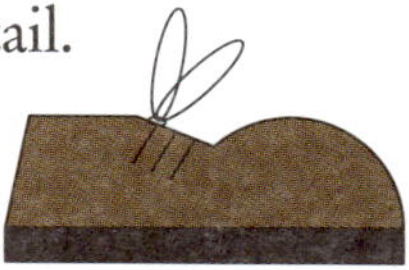

→ Mon deuxième est une partie de la chaussure.

→ Mon tout est un vêtement.

QUI SUIS-JE ?

Réponse :

Je suis un pantalon !

→ Mon **premier** est un oiseau
qui déploie ses plumes en éventail : **paon**

→ Mon **deuxième** est une partie
de la chaussure : **talon**

→ Mon **tout** est un vêtement : **pantalon**

Le savais-tu ?

Le mot **paon** se prononce [pan].

Le sac de nœuds

À toi de jouer !

Place les jetons dans les cases suivantes :

● (c ; 4), ● (b ; 2), ● (d ; 6).

	1	2	3	4	5	6
a						
b						
c						
d						
e						
f						
g						

RÉPONSE :

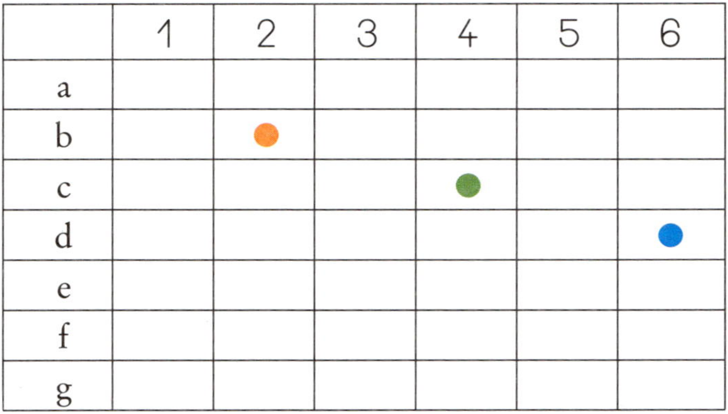

Mardi 20 Mars

Quelques "in"

À ton avis : in ou im.

un t ______ bre

mon cous ______

un moul ______

une t ______ bale

un p ______ ceau

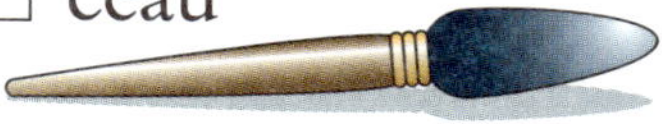

un jard ______

RÉPONSE :

un timbre

mon cousin

un moulin

une timbale

un pinceau

un jardin

printemps *Ste Clémence*

Mercredi 21 *Mars*

Enfin les beaux jours !

Donne le jour et le mois qui annoncent le début du printemps.

C'est le ________________________.

Dessine un arbre au printemps.

C'EST LE 21 MARS !

Le **printemps** débute le 21 mars.
À cette époque, les arbres fleurissent.

Vivre ensemble

À ton avis.

De quel âge à quel âge l'école est-elle obligatoire ?
Pourquoi va-t-on à l'école ?

RÉPONSE :

L'école est obligatoire de **6 ans à 16 ans**.
L'école permet d'acquérir des connaissances
et de se préparer à la vie adulte.

LE SAVAIS-TU ?

Dans certains pays, les enfants n'ont pas la chance
d'aller à l'école et travaillent très tôt.

printemps

St Victorien

Vendredi 23 Mars

Observe bien

Entoure la phrase qui est semblable au modèle.

Tu prends ton bonnet.

Tu perds ton bonnet.

Tu prends ton bateau.

Tu prends ton bonnet.

Tu bouges tes pions.

RÉPONSE :

Tu prends ton bonnet.

Tu perds ton bonnet.

Tu prends ton bateau.

Tu prends ton bonnet.

Tu bouges tes pions.

Mathématiques

Devinette

Devine les deux nombres.

→ Je suis 49 + 1.

QUI SUIS JE ?

______

◆◆◆

→ J'ai 3 pour chiffre des dizaines et des unités.

QUI SUIS JE ?

______

RÉPONSE :

→ Je suis 50.

◆◆◆

→ Je suis 33.

printemps *Ste Larissa*

Lundi 26 Mars

Que de choix !

À toi de jouer !

Colorie les in en orange, les ain en bleu et les ein en vert.

un train

une ceinture

un marin

un matin

un frein

du pain

Entraîne-toi à écrire :

la foule

Réponse :

un train	un matin
une ceinture	un frein
un marin	du pain

Mardi 27 Mars

Allô !

Sais-tu à quoi correspondent ces numéros de téléphone ?

Écris la bonne réponse à côté :

la police, les pompiers, le SAMU.

→ Le 18 : ____________________

→ Le 15 : ____________________

→ Le 17 : ____________________

Réponse :

→ Le 18 : **les pompiers**

→ Le 15 : **le SAMU**

→ Le 17 : **la police**

Le savais-tu ?

Il est indispensable de connaître **par cœur** ces numéros.
Ils peuvent **sauver** des vies.

printemps *St Gontran*

Mercredi 28 Mars

Petite récréation

Observe et continue.

RÉPONSE :

printemps *Ste Gwladys*

Jeudi 29 Mars

Des lettres muettes

À toi de jouer !

Lis les mots suivants à voix haute puis barre les lettres que tu n'entends pas.

un rat

du riz

une dent

un plat

méchant

un canard

un bras

toujours

Réponse :

un rat — du riz

une dent — un plat

méchant — un canard

un bras — toujours

Vendredi 30 *Mars*

Le plein de provisions

Sais-tu à quel rayon acheter ? Relie ce qui va ensemble :

du beurre •	• boucherie
du pain •	• poissonnerie
de la viande •	• charcuterie
du jambon •	• crémerie
du poisson •	• boulangerie

RÉPONSE :

du beurre	boucherie
du pain	poissonnerie
de la viande	charcuterie
du jambon	crémerie
du poisson	boulangerie

printemps

Samedi *Dimanche*

St Benjamin
Rameaux

Mars **31** **1** *Avril*

La pêche est bonne

Relie les points entre eux à l'aide d'une règle et découvre ce qui se cache derrière.

C'est un…

Réponse :

Un poisson d'avril !

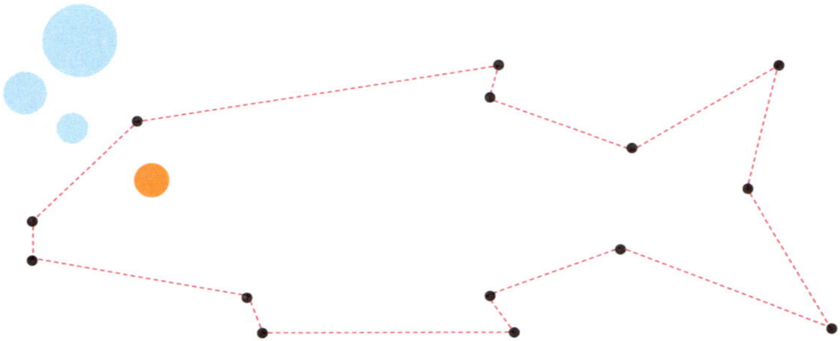

Le savais-tu ?

Le 1er **avril** est un jour où les gens font des **farces**. Souvent à cette occasion, les enfants confectionnent toutes sortes de poissons d'avril.

Découverte du monde

Ces aliments sont-ils d'origine animale ou végétale ?

**Colorie en bleu ceux d'origine animale,
et en vert ceux d'origine végétale.**

la viande	les épinards
le fromage	les haricots
une orange	le jambon

RÉPONSE :

la viande
les épinards
le fromage
les haricots
une orange
le jambon

LE SAVAIS-TU ?

Les aliments d'origine animale proviennent des **animaux**, et ceux d'origine végétale proviennent des **plantes**.

printemps  *St Richard*

Mardi 3 *Avril*

La pêche est bonne !

Dans le filet, il y a 45 surprises. Léa en attrape 6.

Combien de surprises reste-t-il dans le filet ?

Réponse :

Il reste 39 surprises dans le filet.

$$45 - 6 = 39$$

Le savais-tu ?

L'opération qui utilise le signe "-" s'appelle une **soustraction**.

printemps *St Isidore*

Mercredi 4 Avril

Devinette

Entoure la bonne réponse.

→ Elle sert pour jouer au tennis :

une biquette une raquette une assiette

◆◆◆

→ Elle sert à piquer les aliments :

une dînette une serviette une fourchette

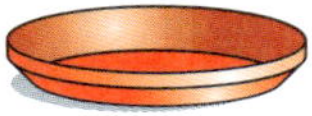

Réponse :

→ Elle sert pour jouer au tennis : **une raquette**.

→ Elle sert à piquer les aliments : **une fourchette**.

Le savais-tu ?

Lorsque la lettre e est placée
avant une consonne double, elle se prononce [è].
Exemples : une pelle, un renne, la terre etc.

Jeudi 5 Avril

Les jouets

Voici une liste de jouets avec leur prix.

un ballon : 10 €
un jeu de cartes : 15 €
une boîte de Legos : 20 €

Gary a 25 € et Jean a 15 €.

Que peuvent-ils s'acheter ?

→ Gary peut acheter :

____

ou ____

→ Jean peut acheter :

____

RÉPONSE :

→ Gary peut acheter :

un ballon et un jeu de cartes ou **une boîte de Legos.**

→ Jean peut acheter :

un ballon ou un jeu de cartes.

Vendredi 6 *Avril*

Français

c ou ç : à toi de jouer.

un bal_on un gar_on une _erise

un hame_on un _itron une _age

Entraîne-toi :

j

Je jongle avec des balles.

Réponse :

un balcon un garçon une cerise

un hameçon un citron une cage

Le savais-tu ?

Le petit signe que tu ajoutes au c, s'appelle une cédille.
Il transforme le son [k] en son [s].

printemps

Samedi Dimanche

7 8

Avril

St Jean-Baptiste de la Salle

Pâques

Vivre ensemble

Trouve la bonne réponse.

Où t'adresses-tu pour :

Envoyer une lettre ou un colis •	• la mairie
Te faire faire une carte d'identité •	• la SNCF
Acheter un billet de train •	• la poste

RÉPONSE :

Envoyer une **lettre** ou un **colis**	**La mairie**
Te faire faire une **carte d'identité**	**La SNCF**
Acheter un **billet de train**	**La poste**

LE SAVAIS-TU ?

La **mairie**, la **poste** et la **SNCF** sont des **services publics**.

Lundi de Pâques

Lundi 9 *Avril*

Que de ssssssssss !

À toi de jouer :

s ou ss ?

une mai␣on   un ma␣que

une bro␣e   du rai␣in   un oi␣eau

une ta␣e   une a␣iette

Entraîne-toi :

v

Cette voiture va trop vite.

Réponse :

une maison un masque

une brosse du raisin un oiseau

une tasse une assiette

Le savais-tu ?

Entre 2 voyelles (a, e, i, o, u),
le s se prononce [z], comme dans lézard.
Exemple : un vase.

printemps *St Fulbert*

Mardi 10 Avril

Vivre ensemble

Que trouves-tu dans une école ?
Souligne les bonnes réponses.

une moto un professeur un train

un tigre une bibliothèque une cantine

une route une classe un directeur

Réponse :

une moto   un professeur   un train

un tigre   une bibliothèque   une cantine

une route   une classe   un directeur

Mercredi 11 *Avril*

Mathématiques

À toi de jouer.

Complète la bande numérique :

26 ___ ___ 29 ___ 31 ___ ___ ___

___ ___ 37 ___ ___ ___ ___ ___ 43

___ ___ 46 ___ ___ ___ ___ ___ 52

RÉPONSE :

26	27	28	29	30	31	32	33	34
35	36	37	38	39	40	41	42	43
44	45	46	47	48	49	50	51	52

Sous le chapiteau

Lis ce texte, puis réponds aux questions par VRAI ou FAUX.

Julie et Antoine sont au cirque. Julie aime beaucoup le numéro de jonglage. Antoine préfère les clowns qui le font rire avec leurs grimaces. Il y a aussi des chevaux blancs qui font le tour de la piste. Les deux enfants sont ravis du spectacle.

→ Les chevaux sont blancs. ______

→ Julie et Antoine sont au cinéma. ______

→ Antoine préfère le numéro de jonglage. ______

→ Les enfants sont très contents du spectacle. ______

RÉPONSE :

- Les chevaux sont blancs. VRAI
- Julie et Antoine sont au cinéma. FAUX
- Antoine préfère le numéro de jonglage. FAUX
- Les enfants sont très contents du spectacle. VRAI

Vendredi 13 *Avril*

Un poids en moins

Entoure la bonne réponse :

Un rhinocéros est plus lourd qu'une gazelle.
moins lourd
aussi lourd

Une cerise est plus lourde qu'un melon.
moins lourde
aussi lourde

Un kilo de sucre est plus lourd qu'un kilo de farine.
moins lourd
aussi lourd

Réponse :

Un **rhinocéros** est **plus lourd** qu'une **gazelle**.

Une **cerise** est **moins lourde** qu'un **melon**.

Un **kilo de sucre** est **aussi lourd** qu'un **kilo de farine**.

Le savais-tu ?

En général, pour peser quelque chose,
on utilise une **balance**.
Il en existe de différentes sortes.

printemps

Samedi *Dimanche*

St Maxime
St Paterne

14 15 *Avril*

De l'air !

Colorie en rouge le nom des véhicules qui polluent, et en vert, le nom de ceux qui ne polluent pas.

un vélo	une voiture	un avion
des rollers	une patinette	une fusée
un train	un voilier	un scooter

Réponse :

un vélo   une voiture   un avion

des rollers   une patinette   une fusée

un train   un voilier   un scooter

Les cartes à jouer

Bruno a 15 cartes. Il en perd 3, puis en gagne 8.

Combien de cartes a-t-il ?

RÉPONSE :

BRUNO A 20 CARTES.

Il en perd 3 : → $15 - 3 = 12$

puis en gagne 8 : → $12 + 8 = 20$.

printemps

St Anicet

Mardi 17 *Avril*

Attention aux pièges !

Entraîne-toi :

Barre les mots qui n'existent pas et illustre les autres.

un gâtou

un pantalon

un radirs

une girape

un train

un laup

RÉPONSE :

~~un gâtou~~

un pantalon

~~un radirs~~

~~une girape~~

un train

~~un laup~~

Mercredi 18 *Avril*

Vivre ensemble

Donne le nom de trois panneaux de signalisation routière que tu connais, et dessine-les.

RÉPONSE :

Exemples :

Sens interdit

Stop

Piste cyclable

printemps *Ste Emma*

Jeudi 19 *Avril*

Froid ou chaud ?

Lis ces mots, puis souligne en orange ceux qui te font penser à une région chaude, et en bleu ceux qui te font penser à une région froide.

le Sahara

la banquise

une forêt tropicale

la savane

le pôle nord

RÉPONSE :

le Sahara

la banquise

une forêt tropicale

la savane

le pôle nord

TU PEUX REGARDER
UN ATLAS AVEC TES PARENTS !

Des syllabes à la pelle

À toi de jouer :

Complète par : ec, es, el ou er.

→ Lisa a de jolies p___les.

→ Tom a trouvé un___cargot.
dans la v___dure.

→ Cet oiseau a un b___crochu.

→ Il ne faut pas manger trop de s___.

Réponse :

→ Lisa a de jolies perles.

→ Tom a trouvé un escargot dans la verdure.

→ Cet oiseau a un bec crochu.

→ Il ne faut pas manger trop de sel.

printemps

Samedi *Dimanche*

21 22 *Avril*

St Anselme
St Alexandre

Ainsi de suite...

Cherche quelle est la règle et complète :

18 28 38 ___ ___ ___ ___

13 18 23 ___ ___ ___ ___

32 30 28 ___ ___ ___ ___

RÉPONSE :

Je compte de 10 en 10 :

18 28 38 48 58 68 78

Je compte de 5 en 5 :

13 18 23 28 33 38 43

Je compte de 2 en 2
dans l'ordre décroissant :

32 30 28 26 24 22 20

printemps *St Georges*

Lundi 23 *Avril*

Vivre ensemble

Pourquoi est-il important de bien observer les panneaux de signalisation.

Donne quelques exemples de panneaux, dans la rue, en forêt, au bord de l'eau…

RÉPONSE :

Ces panneaux nous donnent des **indications**
(piste cyclable, pique-nique autorisé…)
et nous avertissent des **dangers**
(baignade interdite, risque d'incendie…).

printemps

St Fidèle

Mardi 24 *Avril*

Mathématiques

Représente ou écris le nombre.

Exemple : 23 = ■ ■ ● ● ● *(2 dizaines et 3 unités.)*

32 = ______________________

24 = ______________________

13 = ______________________

47 = ______________________

63 = ______________________

______ = ■ ■ ● ● ● ● ●

______ = ■ ■ ■ ■ ■ ●

______ = ■ ■ ■ ● ● ● ●

______ = ■ ● ● ● ● ●

______ = ■ ■ ■ ■ ● ● ● ●

RÉPONSE :

32 = ■■■●●

24 = ■■●●●●

13 = ■●●●

47 = ■■■■●●●●●●●

63 = ■■■■■■●●●

25 = ■■●●●●●

51 = ■■■■■●

34 = ■■■●●●●

15 = ■●●●●●

44 = ■■■■●●●●

Français

Charade.

→ Mon premier sert à faire cuire des aliments.

→ Mon second est une note de musique.

→ Mon tout est un insecte.

QUI SUIS-JE ?

Réponse :

Je suis une fourmi !

→ Mon premier sert à faire cuire des aliments : four

→ Mon second est une note de musique : mi

→ Mon tout est un insecte : fourmi

Mathématiques

Entraîne-toi :

Colorie d'une même couleur les sommes égales entre elles.

Choisis les couleurs que tu veux.

50 + 10

65 + 5

30 + 20

45 + 5

62 + 8

30 + 30

Réponse :

$50 + 10 = 60$

$65 + 5 = 70$

$30 + 20 = 50$

$45 + 5 = 50$

$62 + 8 = 70$

$30 + 30 = 60$

Le savais-tu ?

60 s'écrit **soixante**.

70 s'écrit **soixante-dix**.

Découverte du monde

À toi de jouer :

Réponds par VRAI ou par FAUX.

→ Le soleil tourne autour de la lune. ______

→ La lune tourne autour de la Terre. ______

→ La Terre tourne sur elle-même. ______

→ Le soleil est rempli d'eau. ______

→ La Terre s'appelle la planète bleue. ______

Réponse :

- Le soleil tourne autour de la lune. FAUX
- La lune tourne autour de la Terre. VRAI
- La Terre tourne sur elle-même. VRAI
- Le soleil est rempli d'eau. FAUX
- La Terre s'appelle la planète bleue. VRAI

Le savais-tu ?

On appelle **système solaire**, le soleil et l'ensemble des planètes qui tournent autour de lui.

printemps

Samedi Dimanche

28 29 Avril

Ste Valérie
Ste Catherine de Sienne

Français

Entraîne-toi :

h

chacun

À toi de jouer : oi ou oin ?

une p___re

un mir___r

bes___

p___tu

le p___t

une v___le

rej___dre

RÉPONSE :

une poire

pointu

un miroir

le point

besoin

une voile

rejoindre

Découverte du monde

Mon stylo-bille en pièces détachées.

Colorie en rouge ce qui fait partie du stylo.

une plume	un bouchon
une craie	un capuchon
une pointe	du sirop
le corps	de l'encre

Réponse :

une plume	**un bouchon**
une craie	**un capuchon**
une pointe	du sirop
le corps	**de l'encre**

Le savais-tu ?

Autrefois, les élèves écrivaient avec un **porte-plume** qu'ils trempaient dans un **encrier**.

Fête du travail

Mardi 1 Mai

Français

Devinettes.

→ Il est magique chez les sorcières :

C'est le ______________________________ .

→ C'est de la pâte en tube :

C'est du ______________________________ .

→ On le décroche s'il sonne :

C'est le ______________________________ .

→ Elle emporte sa maison sur son dos :

C'est la ______________________________ .

Réponse :

- Il est magique chez les sorcières :
  C'est **le balai**.
- C'est de la pâte en tube :
  C'est **du dentifrice**.
- On le décroche s'il sonne :
  C'est **le téléphone**.
- Elle emporte sa maison sur son dos :
  C'est **la tortue**.

Le savais-tu ?

Le 1er Mai, la coutume est d'offrir du **muguet**.

printemps *St Boris*

Mercredi 2 Mai

Mathématiques

Entraîne-toi :

Sers-toi d'un calendrier pour trouver les bonnes réponses.

→ Quel jour de la semaine tombe le 1er mai ?

→ Combien de jours y a-t-il dans le mois de mai ?

→ Quelle est la date du 1er dimanche de mai ?

Réponse :

→ Quel jour de la semaine tombe le 1er mai ?

Mardi 1er mai.

→ Combien de jours y a-t-il dans le mois de mai ?

31 jours.

→ Quelle est la date du 1er dimanche de mai ?

Le 6 mai.

printemps

Sts Philippe, Jacques

Jeudi 3 *Mai*

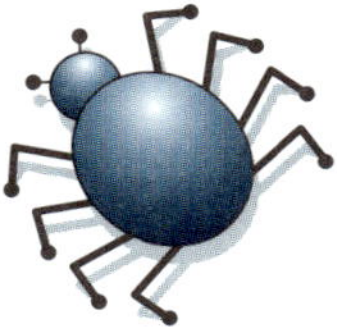

Français

À toi de jouer : n ou gn ?

un car_et la_uit un â_e un cy_e

la monta_e un rossi_ol une arai_ée

Entraîne-toi :

x - y

un taxi

il y a

RÉPONSE :

un carnet   la nuit   un âne   un cygne

la montagne   un rossignol   une araignée

Mathématiques

Entraîne-toi :

Calcule.

20 + 10 = ______

34 + 8 = ______

15 + 5 = ______

40 + 10 = ______

50 + 7 = ______

60 + 10 = ______

Réponse :

$20 + 10 = 30$

$34 + 8 = 42$

$15 + 5 = 20$

$40 + 10 = 50$

$50 + 7 = 57$

$60 + 10 = 70$

printemps

Samedi Dimanche

Ste Judith
Ste Prudence

5 6 Mai

Mission S.O.S

Il y a des personnes qui sont seules et sans argent.

Connais-tu le nom d'associations qui s'en occupent ?

Cite les noms que tu connais, et dis ce qu'elles font.

LES RESTAURANTS DU COEUR
LES RELAIS DU COEUR

RÉPONSE :

Exemples :

La **Croix-Rouge**, les **Restos du cœur**, **Emmaüs**, **ATD Quart-monde**, etc.

Leur rôle consiste à s'occuper de la santé, de la nourriture, de l'habillement et du logement des plus démunis.

LE SAVAIS-TU ?

Les personnes qui travaillent dans ces associations sont en général des bénévoles, c'est-à-dire qu'ils ne sont pas payés pour ce travail.

Mathématiques

Céline, Marie et Ondine veulent se partager 15 bonbons.
Chacune doit en avoir le même nombre.

Combien chacune en aura-t-elle ?

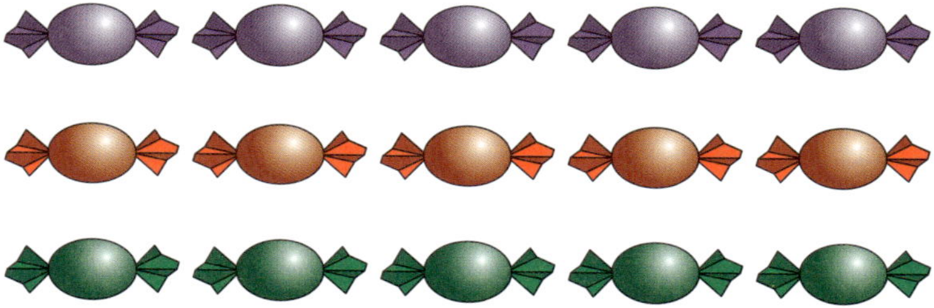

Réponse :

Chacune aura 5 bonbons !

$$5 + 5 + 5 = 15$$

→ Tu peux prendre 15 cartes à jouer.
→ Tu les distribues ensuite une par une dans 3 paquets différents.
→ À la fin, les paquets contiendront 5 cartes chacun.

Le savais-tu ?

Avoir le **même nombre** signifie en avoir **autant**.

printemps

Victoire 1945

Mardi 8 Mai

La nature au vert

Voici une liste d'objets à jeter.

Souligne en vert ceux qui pourront encore être utiles, en bleu ceux qui peuvent être jetés, et en rouge ceux qui sont dangereux.

une pile

une boîte de médicaments

des épluchures

un journal

une bouteille

un vieux stylo

Réponse :

une pile

une boîte de médicaments

des épluchures

un journal

une bouteille

un vieux stylo

Le savais-tu ?

Le fait de réutiliser certains déchets s'appelle le recyclage.

Exemples :

Certains sacs pour les courses sont faits en papier recyclé.
On peut faire des habits avec des bouteilles en plastique.

Français

Entoure le mot qui va avec les autres :

→ une chemise, un pull-over, un blouson,
un imperméable ou une cerise ?

◆◆◆

→ la mer, la plage, les vagues,
un bateau ou un sapin ?

RÉPONSE :

→ une chemise, un pull-over, un blouson, **un imperméable**.

◆◆◆

→ la mer, la plage, les vagues, **un bateau**.

Mathématiques

Entraîne-toi :

12 – 8 = ____	13 – 6 = ____
17 – 17 = ____	15 – 7 = ____
18 – 9 = ____	10 – 1 = ____

Réponse :

12 – 8 = 4	13 – 6 = 7
17 – 17 = 0	15 – 7 = 8
18 – 9 = 9	10 – 1 = 9

Vendredi 11 *Mai*

Que choisir ?

À toi de jouer : ier, ion, ien, io ou ian ?

un pharmac___ un p___ b___tôt

de la v___de un tabl___ un v___lon

Entraîne-toi :

z

elle court dans le zoo

RÉPONSE :

un pharmacien	un pion	bientôt
de la viande	un tablier	un violon

À chacun sa maison

Retrouve la maison de chaque animal.

un cheval •	• un terrier
un porc •	• une étable
un lapin •	• une écurie
un mouton •	• une porcherie
une poule •	• un poulailler
une vache •	• une bergerie

Réponse :

un cheval • • un terrier
un porc • • une étable
un lapin • • une écurie
un mouton • • une porcherie
une poule • • un poulailler
une vache • • une bergerie

Le savais-tu ?

Dans la nature, le lapin vit dans un terrier, mais à la ferme, il vit dans un clapier.

Une chouette voiture

Souligne les mots qui montrent comment est la voiture.

confortable

un livre

grise

appeler

une bulle

silencieuse

sûre

étourdi

Réponse :

confortable

un livre

grise

appeler

une bulle

silencieuse

sûre

étourdi

Le savais-tu ?

Les mots qui te montrent comment est une personne ou un objet s'appellent des **adjectifs**.

printemps *Ste Denise*

Mardi 15 *Mai*

Mathématiques

Reproduis le modèle en partant du trait rouge.

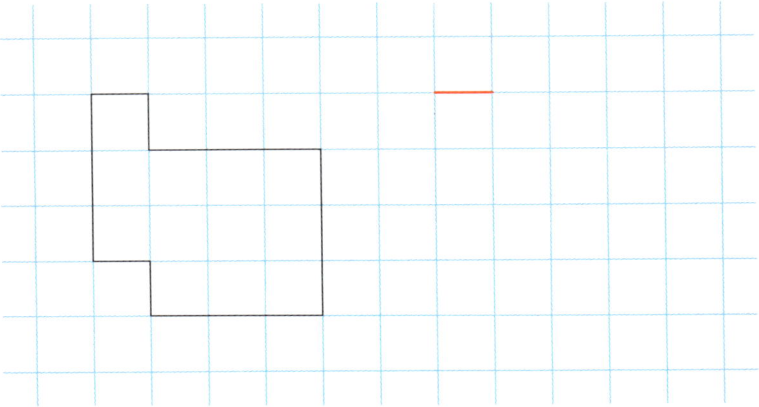

RÉPONSE :

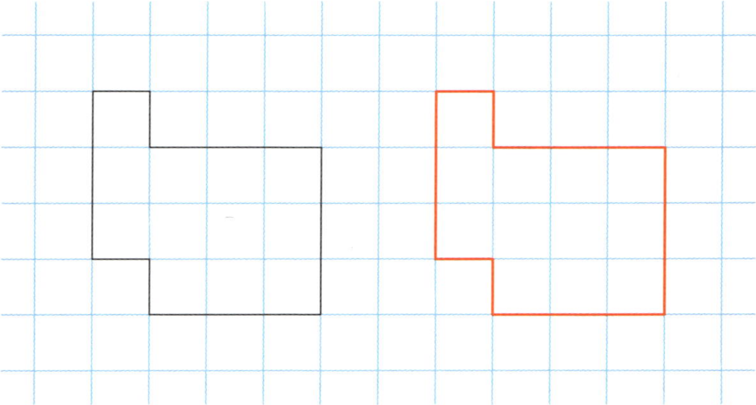

Découverte du monde

Parmi ces bébés animaux,
colorie en vert ceux qui sont sortis d'un œuf
et en bleu ceux qui sont sortis du ventre de leur mère ?

un chaton	un poussin
un agneau	un chiot
une tortue	un lapereau
	un crocodile

Réponse :

un chaton
un poussin
un agneau
un chiot
une tortue
un lapereau
un crocodile

Le savais-tu ?

Pour que le bébé naisse d'un œuf, il faut que celui-ci soit couvé, c'est-à-dire tenu au chaud par le père ou la mère.

jeudi 17 *Mai*

Français

Charade.

→ Mon premier abrite des bateaux.

→ Mon second se fait en soulignant.

→ Mon tout représente un visage.

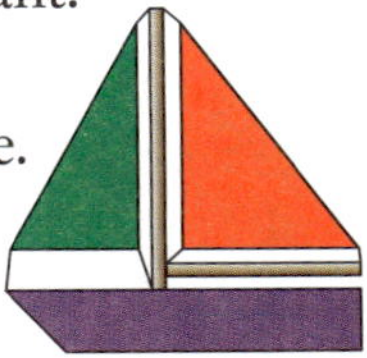

QUI SUIS-JE ?

Réponse :

Je suis un portrait !

→ Mon **premier** abrite des bateaux. **port**

→ Mon **second** se fait en soulignant. **trait**

→ Mon **tout** représente un visage. **portrait**

Vendredi 18 Mai

Vivre ensemble

Barre les comportements qui te semblent incorrects.

→ Écouter son poste de radio sur la plage.

→ Jeter ses ordures dans une poubelle.

→ Faire des graffitis sur les murs.

→ Jeter un papier dans la rue.

→ Respecter la tranquillité des gens autour de soi.

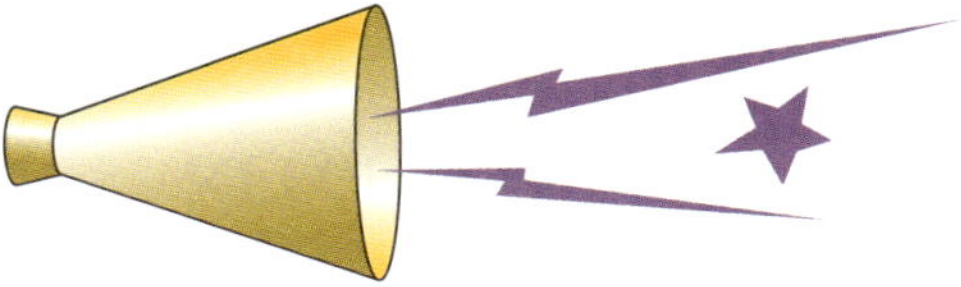

Réponse :

Bravo si tu as gardé :

- Jeter ses ordures dans une poubelle.
- Respecter la tranquillité des gens autour de soi.

printemps

St Yves
St Bernardin

Samedi *Dimanche*

19 20 *Mai*

Mathématiques

Complète les files numériques.

79 80 __ __ __ __ 85 __ __ __ __ __ 91

96 94 __ __ __ 86 __ __ __ 78 __ __ __

RÉPONSE :

Je compte de 1 en 1 :

79 80 81 82 83 84 85 86 87 88 89 90 91

Je compte de 2 en 2 :

96 94 92 90 88 86 84 82 80 78 76 74 72

T'EN SOUVIENS-TU ?

Aller du plus petit au plus grand s'appelle l'ordre **croissant**, et du plus grand au plus petit, l'ordre **décroissant**.

Une petite révision

As-tu bien retenu ?

Écris les mots au bon endroit.

dangereux règlement poubelle rouge

→ Tu attends pour traverser que le feu soit ____________.

→ Tu jettes tes papiers dans une ____________.

→ Tu ne touches pas aux produits ____________.

→ Tu respectes le ____________ de ton école.

RÉPONSE :

→ Tu attends pour traverser que le feu soit **rouge**.

→ Tu jettes tes papiers dans une **poubelle**.

→ Tu ne touches pas aux produits **dangereux**.

→ Tu respectes le **règlement** de ton école.

Mardi 22 Mai

Français

À toi de jouer :

Colorie les ill en bleu et les gn en vert.

la grille	la vigne
une fille	la campagne
de la vanille	une béquille
un chignon	une araignée

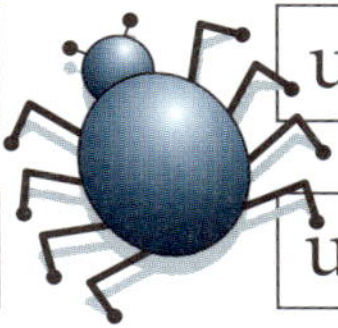

Réponse :

la grille	la vigne
une fille	la campagne
de la vanille	une béquille
un chignon	une araignée

Mercredi 23 Mai

Mathématiques

À toi de jouer.

Colorie de la même couleur ce qui va ensemble.

7d 2u	72	27	68
6d 8u	50 + 4	60 + 8	5d 4u
	70 + 2	54	

Réponse :

Bravo !
27 était un piège !

7d 2u	72	27	68
6d 8	50 + 4	60 + 8	5d 4u
	70 +2	54	

Jeudi 24 *Mai*

Un petit tour à la campagne

Voici des produits qui viennent de la ferme.

Relie les produits qui se correspondent.

des œufs •	• des olives
de l'huile •	• un cochon
du lait •	• une poule
du saucisson •	• des fruits
de la confiture •	• une vache

RÉPONSE :

des œufs	des olives
de l'huile	un cochon
du lait	une poule
du saucisson	des fruits
de la confiture	une vache

Vendredi 25 *Mai*

Mathématiques

Entraîne-toi.

Aide : pour faire une addition en colonnes, il faut compter en premier les unités, puis les dizaines.

	d	u
	1	3
+	5	4
=		

	d	u
	2	6
+	4	3
=		

	d	u
	1	5
+		3
=		

Réponse :

	d	u
	1	3
+	5	4
=	6	7

	d	u
	2	6
+	4	3
=	6	9

	d	u
	1	5
+		3
=	1	8

printemps

Samedi Dimanche

St Béranger
Pentecôte

26 27 Mai

Français

Trouve le mot qui convient :

bruit *stylo* *cadeaux* *gants*

→ Pour ton anniversaire,
tu as reçu de beaux ______________.

→ Si tu vas à la montagne,
n'oublie pas tes ______________.

→ Pense à prendre ton ______________
pour écrire à tes parents.

→ Ne fais pas de ______________
pour ne pas réveiller ton petit frère.

Réponse :

→ Pour ton anniversaire, tu as reçu de beaux **cadeaux**.

→ Si tu vas à la montagne, n'oublie pas tes **gants**.

→ Pense à prendre ton **stylo** pour écrire à tes parents.

→ Ne fais pas de **bruit** pour ne pas réveiller ton petit frère.

Le savais-tu ?

Quand il y a plusieurs choses, en général le mot se termine par un **s**.
(exemples : gants, parents)
Mais pour certains mots, on met un **x** comme pour cadeaux. Cela s'appelle le **pluriel**.

printemps

Lundi de Pentecôte

Lundi 28 *Mai*

Mathématiques

Devine.

Je suis entre 88 et 90.
QUI SUIS-JE ?

J'ai 7 pour chiffre des dizaines,
et 5 pour chiffre des unités.
QUI SUIS-JE ?

Je suis juste après 79.
QUI SUIS-JE ?

RÉPONSE :

Je suis entre 88 et 90.

JE SUIS 89 !

J'ai 7 pour chiffre des dizaines,
et 5 pour chiffre des unités.

JE SUIS 75 !

Je suis juste après 79.

JE SUIS 80 !

Mardi 29 Mai

La main verte

Réponds par VRAI ou par FAUX.

- Pour faire pousser une plante, je dois d'abord semer des graines. ______
- Les plantes aiment la sécheresse. ______
- Pour pousser, une plante a besoin d'eau et de lumière. ______
- Certaines plantes poussent dans la mer. ______
- Les plantes ne donnent jamais de fleurs. ______

RÉPONSE :

- Pour faire pousser une plante, je dois d'abord semer des graines. **VRAI**
- Les plantes aiment la sécheresse. **FAUX**
- Pour pousser, une plante a besoin d'eau et de lumière. **VRAI**
- Certaines plantes poussent dans la mer. **VRAI**
- Les plantes ne donnent jamais de fleurs. **FAUX**

printemps *St Ferdinand*

Mercredi 30 *Mai*

Histoire de majuscules

À côté de chaque lettre minuscule script, écris la majuscule d'imprimerie, puis la majuscule manuscrite.

a	c	d
e	n	b
l	m	v
s	p	r

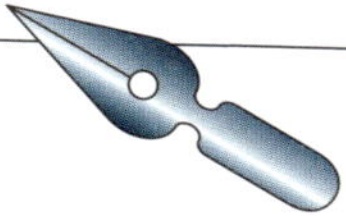

RÉPONSE :

a	A	𝒜	c	C	𝒞	d	D	𝒟
e	E	ℰ	n	N	𝒩	b	B	ℬ
l	L	ℒ	m	M	ℳ	v	V	𝒱
s	S	𝒮	p	P	𝒫	r	R	ℛ

printemps

Ste Pétronille

Jeudi 31 *Mai*

Mathématiques

Calcule le plus vite possible :

8 + 8 = ______

9 + 7 = ______

9 + 9 = ______

10 + 10 = ______

7 + 6 = ______

5 + 5 = ______

Réponse :

$8 + 8 = 16$

$9 + 7 = 16$

$9 + 9 = 18$

$10 + 10 = 20$

$7 + 6 = 13$

$5 + 5 = 10$

printemps

St Justin

Vendredi 1 Juin

Des signes importants

À toi de jouer :

Recopie ces phrases en mettant les majuscules et les points à leur place.

les enfants jouent aux billes

elles vont à la piscine

le chien court dans le jardin

Réponse :

Les enfants jouent aux billes.

Elles vont à la piscine.

Le chien court dans le jardin.

Rappel : Une phrase commence par une majuscule et se termine par un point.

Le savais-tu ?

Le point est un signe de ponctuation, comme :

le **point d'interrogation ?**
(qui sert à poser une question).

le **point d'exclamation !**
(pour exprimer l'étonnement ou la colère).

la **virgule,**
(qui marque un petit arrêt lorsque tu lis).

Au bord de la mer

Réponds par VRAI ou FAUX.

Tu pars en vacances au bord de la mer.
Sur la plage, tu dois :

→ T'éloigner de tes parents. ____________

→ Te baigner quand le drapeau est rouge. ____________

→ Mettre de la crème pour te protéger du soleil. ____________

→ Te baigner dans la zone de surveillance. ____________

→ Jeter du sable sur quelqu'un. ____________

Réponse :

- T'éloigner de tes parents. **Faux**
- Te baigner quand le drapeau est rouge. **Faux**
- Mettre de la crème pour te protéger du soleil. **Vrai**
- Te baigner dans la zone de surveillance. **Vrai**
- Jeter du sable sur quelqu'un. **Faux**

Lundi 4 *Juin*

Ce que tu vois, ce que tu entends

Place ces mots au bon endroit :

un taxi, un exemple, six, un exercice, joyeux, deuxième

Tu vois x, mais tu entends :

→ [gz] : ______________________

→ [s] : ______________________

→ [ks] : ______________________

→ [z] : ______________________

Tu vois x, mais tu ne l'entends pas :

→ ______________________

RÉPONSE :

Tu vois x, mais tu entends :

[gz] → un exemple, un exercice

[s] → six

[ks] → un taxi

[z] → deuxième

Tu vois x, mais tu ne l'entends pas :

→ joyeux

printemps *St Igor*

Mardi 5 Juin

Mathématiques

Entraîne-toi.

Calcule :

70 + 10 = ______

85 + 5 = ______

30 + 30 = ______

67 + 4 = ______

83 + 6 = ______

40 + 20 + 10 = ______

RÉPONSE :

$70 + 10 = 80$

$85 + 5 = 90$

$30 + 30 = 60$

$67 + 4 = 71$

$83 + 6 = 89$

$40 + 20 + 10 = 70$

Vivre ensemble

En cas d'alarme dans l'école, sais-tu ce que tu dois faire ?

Réponds par VRAI ou par FAUX :

- Suivre la maîtresse et écouter ses consignes. ____________
- Te mettre à crier. ____________
- Rester calme. ____________
- Courir le plus vite possible. ____________
- Te cacher. ____________

Réponse :

→ Suivre la maîtresse et écouter ses consignes. **Vrai**

→ Te mettre à crier. **Faux**

→ Rester calme. **Vrai**

→ Courir le plus vite possible. **Faux**

→ Te cacher. **Faux**

Un petit bonjour

Voici une carte postale qu'Anne a envoyée à Cyril.

Souligne en rouge le titre, en vert la date, en marron le texte, en bleu la signature.

Cher Cyril, St Brévin le 10/07/07

Je passe de bonnes vacances à St Brévin. Je me baigne tous les jours, et fais d'énormes châteaux de sable.

Bisous, Anne

Réponse :

Cher Cyril, St Brévin le 10/07/07

Je passe de bonnes vacances à St Brévin.
Je me baigne tous les jours, et fais
d'énormes châteaux de sable.

Bisous, Anne

printemps *St Médard*

Vendredi 8 *Juin*

Mathématiques

Jeu des 3 couleurs.

Tu dois utiliser seulement 3 couleurs pour colorier cette frise.

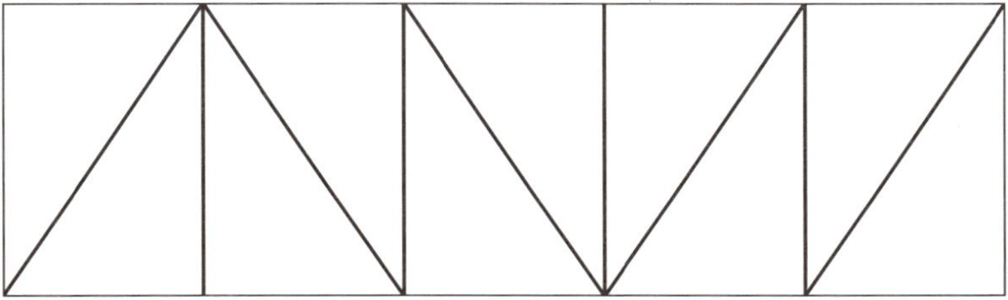

Réponse :

Tu pouvais choisir d'autres couleurs !

Cuit ou cru ?

Voici une liste de légumes.

Colorie en orange ceux qui se mangent crus,
en marron ceux qui se mangent cuits,
et en vert ceux qui peuvent se manger crus ou cuits.

des carottes	des radis
des haricots	des tomates
des betteraves	des petits pois
des endives	du concombre

Réponse :

des carottes

des haricots

des betteraves

des endives

des radis

des tomates

des petits pois

du concombre

printemps *St Barnabé*

Lundi 11 *Juin*

Vivre ensemble

T'en souviens-tu ?

Comment s'appelle la personne qui :

→ dirige une école ? ____________________

→ distribue le courrier ? ____________________

→ fait la classe ? ____________________

→ conduit le train ou le bus ? ____________________

RÉPONSE :

→ dirige une école ?
un **directeur** ou une **directrice**.

◆◆◆

→ distribue le courrier ?
un **facteur** ou une **factrice**.

◆◆◆

→ fait la classe ?
un **instituteur** ou une **institutrice**.

◆◆◆

→ conduit le train ou le bus ?
un **conducteur** ou une **conductrice**

Mardi 12 Juin

Français

À toi de jouer :

Complète le texte par : pl, bl, fl, cl ou gl.

Tu arroses chaque jour les ___ antes de la ___ asse.
Pour la fête de ta maman,
n'ou ___ ie pas de lui offrir des ___ eurs.
Range les affaires à leur ___ ace.
Quand il fait chaud, tu manges des ___ aces.

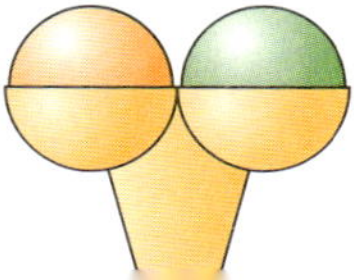

RÉPONSE :

Tu arroses chaque jour les plantes de la classe.

Pour la fête de ta maman,

n'oublie pas de lui offrir des fleurs.

Range les affaires à leur place.

Quand il fait chaud, tu manges des glaces.

Mathématiques

Trouve les nombres qui manquent.

_ 89 90 _ _ _ _ 95

_ _ _ _ _ 101

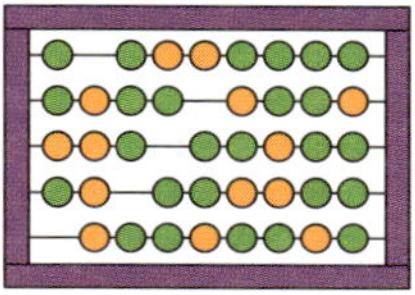

RÉPONSE :

Je compte de 1 en 1 :

88 89 90 91 92 93 94 95

96 97 98 99 100 101

LE SAVAIS-TU ?

100 s'écrit **cent**, c'est un nombre composé de 3 chiffres.
Le premier représente les **centaines**,
le deuxième les **dizaines**
et le troisième, les **unités**.

Jeudi 14 *Juin*

En pleine forme !

C'est le jour de la visite médicale à l'école.

Entoure la bonne réponse :

Le médecin :

- mesure : ton nez ou ta taille ?
- vérifie : ta vue ou ta trousse ?
- prend : ton poids ou tes feutres ?
- écoute : la télévision ou ta respiration ?

RÉPONSE :

- mesure ta taille.
- vérifie ta vue.
- prend ton poids.
- écoute ta respiration.

LE SAVAIS-TU ?

Pour écouter ta respiration ou les battements de ton cœur, le médecin utilise un **stéthoscope**.

Bientôt les vacances !

À toi de jouer :

Souligne en bleu les objets que l'on peut trouver sur une plage.

un avion

un sapin

une armoire

un parasol

une serviette

une pelle

un tube de crème à bronzer

Réponse :

Bravo !

un avion　　　**un parasol**

un sapin　　　**une serviette**

une armoire　　　**une pelle**

un tube de crème à bronzer

Mathématiques

Gaël veut aller de chez lui à la plage.
Aide-le à trouver son chemin.

À partir du point rouge, descendre d'une case, puis aller vers la droite en avançant de 2 cases, et descendre encore de 2 cases.

Trace le chemin sur le tableau avec des flèches.

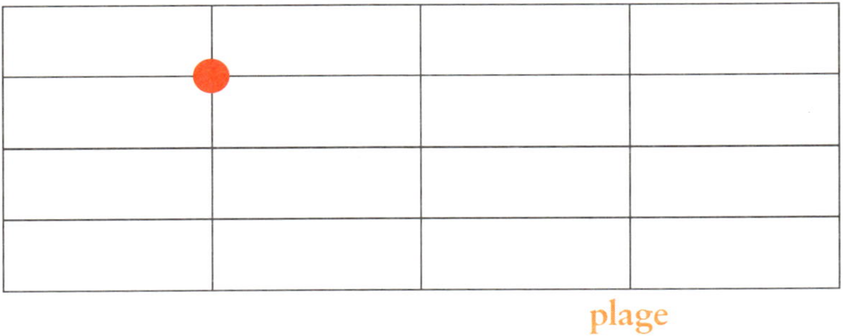

Réponse :

printemps *Ste Léonce*

Lundi 18 *Juin*

Découverte du monde

Réponds par VRAI ou par FAUX.

- L'été commence le 21 juin. ______
- Les feuilles des arbres tombent. ______
- C'est la saison du ski. ______
- C'est la période des grandes vacances. ______

Réponse :

- L'été commence le 21 juin : **Vrai**
- Les feuilles des arbres tombent : **Faux**
- C'est la saison du ski : **Faux**
- C'est la période des grandes vacances : **Vrai**

Le savais-tu ?

L'été commence le 21 juin
et se termine le 21 septembre.

Un pas de géant

Pose et effectue ces opérations à retenues.

Aide : La retenue se place dans la colonne des dizaines et s'y ajoute.

27 + 38 =

	d	u
	•	
	•	•
+	•	•
=	•	•

54 + 36 =

	d	u
	•	
	•	•
+	•	•
=	•	•

RÉPONSE :

Je pose les opérations :

	d	u
	1	
	2	7
+	3	8
=	6	5

	d	u
	1	
	5	4
+	3	6
=	9	0

printemps *St Sylvère*

Mercredi 20 *Juin*

Français

Colorie en rouge les mots quand y se prononce [i], et en bleu ceux quand y se prononce [j].

un pyjama	un cygne	un crayon
un voyage	un mystère	un pays

Entraîne-toi :

Alix mange un kiwi.

Réponse :

un pyjama un cygne un crayon

un voyage un mystère un pays

Le jeu du labyrinthe

Trouve le chemin pour aller de l'entrée (E) à la sortie (S).

Réponse :

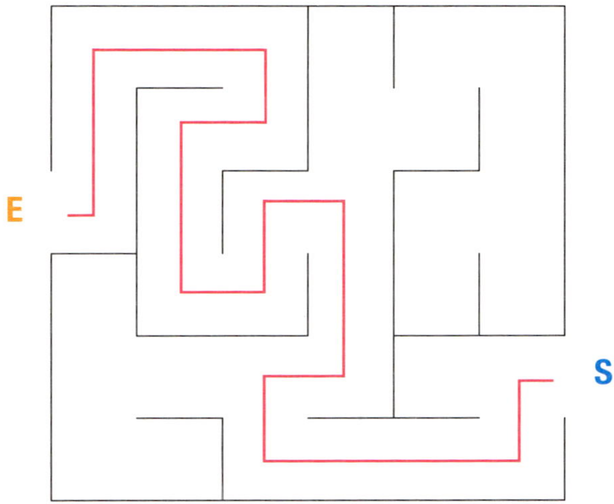

Vivre ensemble

T'en souviens-tu ? Comment s'appelle :

- celui qui éteint les incendies ? ____________________
- celui qui fait la circulation ? ____________________
- celui qui distribue le courrier ? ____________________

RÉPONSE :

→ celui qui éteint les incendies : **le pompier.**

→ celui qui fait la circulation : **le policier.**

→ celui qui distribue le courrier : **le facteur.**

été 

Ste Audrey
St Jean-Baptiste

Samedi **23** *Dimanche* **24** *Juin*

Français

Complète les mots avec t ou ss :

une addi ⎵ ion — la mi ⎵ ion

la récréa ⎵ ion — une puni ⎵ ion

une percu ⎵ ion

Complète les mots avec s ou z :

du rai ⎵ in — un lé ⎵ ard

⎵ orro — une ceri ⎵ e

RÉPONSE :

J'entends le son [s] :

une addition — la mission

la récréation — une punition

une percussion

◆◆◆

J'entends le son [z] :

du raisin — un lézard

Zorro — une cerise

été

St Prosper

Lundi 25 Juin

Départ en vacances

Jérôme doit prendre un avion à 9 heures,
il doit arriver à l'aéroport une heure avant le départ.

Dessine les aiguilles de la pendule qui correspondent à son heure d'arrivée à l'aéroport.

Réponse :

Jérôme doit arriver à 8 heures !

Jeu de mémoire

À toi de jouer :

Es-tu capable de trouver les mots qui manquent ?

Je suis assis ______ une chaise.

Maman est venue me chercher ______ Papa.

Il s'est déguisé ______ mon anniversaire.

Il y a un lapin ______ la cage.

RÉPONSE :

Je suis assis **sur** une chaise.

Maman est venue me chercher **avec** Papa.

Il s'est déguisé **pour** mon anniversaire.

Il y a un lapin **dans** la cage.

Mercredi 27 Juin

Pepsi le lapin

Cette semaine, c'est toi qui es chargé
de t'occuper du lapin de la classe.

Numérote dans l'ordre ce que tu dois faire.

|__| Lui donner à manger et à boire.

|__| Changer sa litière.

|__| Regarder s'il se porte bien.

|__| T'approcher doucement
pour ne pas l'effrayer.

Réponse :

Bravo ! Pepsi a de la chance !

1 T'approcher doucement pour ne pas l'effrayer.

2 Regarder s'il se porte bien.

3 Changer sa litière.

4 Lui donner à manger et à boire.

Le savais-tu ?

Le lapin est un **rongeur**, c'est-à-dire que ses incisives (dents de devant) poussent tout le temps.

Jeudi 28 Juin

Français

Devinettes.

➜ Il te protège de la pluie.

C'est un p ____________________ .

➜ Il y en a souvent dans le ciel.

Ce sont les n ____________________ .

➜ Ils peuvent être bruns, blonds ou roux.

Ce sont les c ____________________ .

RÉPONSE :

→ Il te protège de la pluie.

C'est un **parapluie**.

→ Il y en a souvent dans le ciel.

Ce sont les **nuages**.

→ Ils peuvent être bruns, blonds ou roux.

Ce sont les **cheveux**.

été

Sts Pierre, Paul

Vendredi 29 Juin

Mathématiques

Devine.

Je suis entre 90 et 100,
mon chiffre des unités est 5.

QUI SUIS-JE ?

Je suis : ______.

◆◆◆

Je suis plus grand que 60 et plus petit que 70,
mon chiffre des unités est 7.

QUI SUIS-JE ?

Je suis : ______.

Réponse :

Je suis entre 90 et 100,
mon chiffre des unités est 5.

Je suis 95 !

◆◆◆

Je suis plus grand que 60 et plus petit que 70,
mon chiffre des unités est 7.

Je suis 67 !

été

Samedi *Dimanche*

St Martial
St Thierry

Juin 30 1 *Juillet*

Vivre ensemble

À ton avis ?

Souligne la bonne réponse.

→Tu donnes des pièces jaunes pour les enfants malades.

Tu es solidaire ou tolérant ?

◆◆◆

→Tu n'aimes pas les mêmes dessins animés que ta sœur, mais tu acceptes de les regarder avec elle.

Tu es solidaire ou tolérant ?

RÉPONSE :

→ Tu donnes des pièces jaunes pour les enfants malades.

Tu es solidaire.

→ Tu n'aimes pas les mêmes dessins animés que ta sœur, mais tu acceptes de les regarder avec elle.

Tu es tolérant.

LE SAVAIS-TU ?

Être **solidaire**, c'est aider les autres et se sentir responsable.
Être **tolérant**, c'est accepter que les autres n'aient pas les mêmes idées que soi.

C'EST LE MOMENT
DE RÉSERVER TON ALMANIAK
POUR L'ANNÉE SCOLAIRE 2007-2008,
EN CLASSE DE CE1.

Pour découvrir dès maintenant
sa couverture, tu peux aller sur
www.editions365.com

**Réserve-le
dès maintenant
chez ton libraire.**

CP

par Geneviève Sud

© 2006 - Éditions 365 - 32, rue de Londres - 75009 Paris
Tous droits réservés.

éditions 365
editions365.com

Mise en pages :
ARTIS'tics DESIGN GRAPHIQUE

Imprimé en Chine par Imago en mai 2006.
Dépôt légal août 2006.
ISBN 2-35155-030-7
Diffusion Hatier.